JN092678

You should know these
essential rules

はじめての TOEIC® L&R テスト完全攻略ルールブック

改訂版

土谷 望

テイエス企画

はじめに

TOEIC テストはリスニングパートとリーディングパート、それぞれ 100 問で構成されています。両パートに共通の特徴として、短時間で処理しなければならない分量の多さがあるかと思います。はじめてのテストで実力を出し切るためには、TOEIC の受け方を練習することが効果的です。例えば、リスニングパートでは写真を先に見たり、設問を先読みしたりすること、リーディングパートでは必要以上に読み込まず、時間をかけずに問題を解くことなどです。「時間をかけたら解ける」では、TOEIC では評価されません。そのため、TOEIC で最大限に実力を発揮するためには、それなりの心構えが必要になります。

最後まで問題をきちんと解けるようになるためには TOEIC の受け方に慣れることのほかに英語の処理スピードを上げる必要があります。受験方法への慣れについては、練習すればある程度短い期間で習得できるかもしれませんが、英語の処理スピードを上げるには長い時間が必要です。

英語の処理スピード向上に役立つ学習法の一つとして英語のリズムを取り入れる方法があります。英語のリズムは日本語ととても異なります。英語のリズムに乗りながら英語を理解するためには、自分でもリズムよく音読できるようになることが大切です。本書では、リスニングパートの各所で英語のリズムについて解説しています。リズムに合わせて読むとネイティブと同じスピードで読むこともさほど難しくありません。ただし、リズムが合わないと口が回りません。けっこう深い英語のリズムですが、皆さまもぜひ今後意識して学習をすすめてください。

土谷　望

はじめに 3
本書の構成と使い方 8
音声ダウンロードについて 10
TOEICについて 11

PART 1
PHOTOGRAPHS
写真描写問題

UNIT 01 1人の人物写真は、動作・持ち物をチェック 22
UNIT 02 複数の人物写真は共通点・相違点に注目 29
UNIT 03 風景写真は、物の状態・位置関係を確認 36
ルールリスト 43

PART 2
QUESTION-RESPONSE
応答問題

UNIT 04 Wh- 疑問文は〈疑問詞＋主語＋動詞〉を聞き取る 46
UNIT 05 Yes / No 疑問文は、主語と動詞を聞き取る 53
UNIT 06 依頼・許可・勧誘の定型表現を押さえよう 61
UNIT 07 いろいろな疑問文に慣れよう 69
ルールリスト 77

PART 3
SHORT CONVERSATIONS
会話問題

UNIT 08 会話の「場所」、「話し手」、「聞き手」を推測しよう 82
UNIT 09 「話題」、「依頼・提案内容」を聞き取ろう 89
UNIT 10 会話の「詳細情報」を聞き取ろう 96
UNIT 11 解答の手順を考えよう 103
UNIT 12 3人の会話は状況を押さえよう 110
UNIT 13 資料付きの問題は、焦らず資料から内容を想像しよう 117
ルールリスト 127

PART 4
SHORT TALKS
説明文問題

UNIT 14 「話し手」、「聞き手」、「場所」を押さえよう 130

UNIT 15 「話題」を聞き取ろう …… 138
UNIT 16 固有名詞から内容を押さえよう …… 146
UNIT 17 説明文の「詳細情報」を聞き取ろう …… 154
UNIT 18 表現の意図を問う問題は流れを意識しよう …… 162
UNIT 19 資料付きの問題は聞くべき内容に集中しよう …… 169
ルールリスト …… 178

PART 5 INCOMPLETE SENTENCES 短文穴埋め問題

UNIT 20 品詞問題は空所の前後から考える …… 182
UNIT 21 動詞の形は主語に注目 …… 189
UNIT 22 時制の問題を押さえよう …… 196
UNIT 23 受動態・能動態は主語との関係に注意 …… 203
UNIT 24 動名詞・不定詞・分詞を使い分けよう …… 210
UNIT 25 関係代名詞は「何を指すか」が大切 …… 217
UNIT 26 前置詞と接続詞の使い分けを押さえよう …… 224
UNIT 27 語彙問題は意味から判断 …… 231
ルールリスト …… 238

PART 6 TEXT COMPLETION 長文穴埋め問題

UNIT 28 語彙・文法問題は空所の前後から考える …… 242
UNIT 29 接続語句は文脈をとらえよう …… 252
UNIT 30 文を選ぶ問題は選択肢をよく読み、文脈で確認 …… 262
ルールリスト …… 272

PART 7 READING COMPREHENSION 読解問題

UNIT 31 スケジュール・旅程表は、項目を見る …… 274
UNIT 32 記入用紙はタイトルと項目を確認 …… 282
UNIT 33 広告・通知文は、読み手を意識する …… 291
UNIT 34 Eメール・手紙は、書き手と読み手を確認 …… 299
UNIT 35 テキストメッセージは流れをつかもう …… 307
UNIT 36 文の位置を答える問題は流れから判断しよう …… 315

UNIT 37 オンライン・チャットは状況を把握しよう 326
UNIT 38 マルチプルパッセージは各文書タイプを把握 337
ルールリスト 355

本書の構成と使い方

本書は 38 のユニットで構成されており、TOEIC の全パートの対策を短期間で立てられるように作られています。1 日あたり 20 分程度の学習で、Part 1 から Part 7 までの問題形式や解答の手順を効率的に学習できるようになっています。

例題・解説

各ユニットの最初に各パートの典型的な問題を例題として取り上げ、解答のプロセスをイメージできるようになっています。

UNIT 1 ～ 19 のリスニングセクションでは、設問やスクリプト（実際の問題冊子には印刷されていません）を見ながら、解答の手順や考え方を身につけます。また、例題の後では、必要な情報を狙った聞き取り・読み取りができるように音声学習をします。

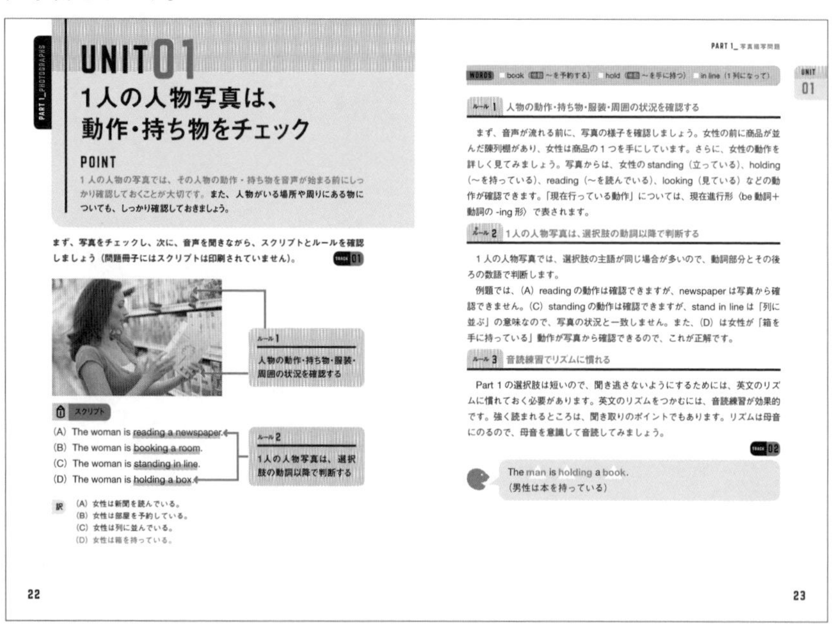

PART 1_PHOTOGRAPHS

UNIT 01

1人の人物写真は、動作・持ち物をチェック

POINT

1 人の人物の写真では、その人物の動作・持ち物を音声が始まる前にしっかり確認しておくことが大切です。また、人物がいる場所や周りにある物についても、しっかり確認しておきましょう。

まず、写真をチェックし、次に、音声を聞きながら、スクリプトとルールを確認しましょう（問題冊子にはスクリプトは印刷されていません）。 TRACK 01

ルール 1
人物の動作・持ち物・服装・周囲の状況を確認する

スクリプト

(A) The woman is reading a newspaper.
(B) The woman is booking a room.
(C) The woman is standing in line.
(D) The woman is holding a box.

ルール 2
1人の人物写真は、選択肢の動詞以降で判断する

訳
(A) 女性は新聞を読んでいる。
(B) 女性は部屋を予約している。
(C) 女性は列に並んでいる。
(D) 女性は箱を持っている。

22

PART 1_写真描写問題

UNIT 01

WORDS book（[illegible] ～を予約する） hold（[illegible] ～を手に持つ） in line（1 列になって）

ルール 1 人物の動作・持ち物・服装・周囲の状況を確認する

まず、音声が流れる前に、写真の様子を確認しましょう。女性の前に商品が並んだ陳列棚があり、女性は商品の 1 つを手にしています。さらに、女性の動作を詳しく見てみましょう。写真からは、女性の standing（立っている）、holding（～を持っている）、reading（～を読んでいる）、looking（見ている）などの動作が確認できます。「現在行っている動作」については、現在進行形〈be 動詞＋動詞の -ing 形〉で表されます。

ルール 2 1人の人物写真は、選択肢の動詞以降で判断する

1 人の人物写真では、選択肢の主語が同じ場合が多いので、動詞部分とその後ろの数語で判断します。

例題では、(A) reading の動作は確認できますが、newspaper は写真から確認できません。(C) standing の動作は確認できますが、stand in line は「列に並ぶ」の意味なので、写真の状況と一致しません。また、(D) は女性が「箱を手に持っている」動作が写真から確認できるので、これが正解です。

ルール 3 音読練習でリズムに慣れる

Part 1 の選択肢は短いので、聞き逃さないようにするためには、英文のリズムに慣れておく必要があります。英文のリズムをつかむには、音読練習が効果的です。強く読まれるところは、聞き取りのポイントでもあります。リズムは母音にのるので、母音を意識して音読してみましょう。

TRACK 02

The man is holding a book.
（男性は本を持っている）

23

練習問題

各 UNIT の例題で学習した解答の手順を踏まえ、TOEIC 形式の問題に挑戦します。練習問題のすぐ後に、解答・解説や訳などが掲載されています。

PART 1_ 写真描写問題

練習問題

音声を聞いて、次の写真を最も適切に表している選択肢を選びましょう。 TRACK 04

1.

2.

解答と解説

UNIT 01

1.

解説 写真の男性の動作と位置を確認します。(A) の窓は写真の中に確認できません。男性は黒板の前に立っているので、(B) が正解。男の人は座ってはいないので、(C) は不正解。(D) は board が、「～に搭乗する」の意味の動詞として使われた、ひっかけの選択肢になっています。

正解 (B)

スクリプト

(A) The man is looking out the window.
(B) The man is standing in front of a blackboard.
(C) The man is sitting on a chair.
(D) The man is boarding a plane.

訳 (A) 男性は窓の外を見ている。
(B) 男性は黒板の前に立っている。
(C) 男性は椅子に座っている。
(D) 男性は飛行機に乗り込んでいる。

WORDS □ look out（外を見る） □ in front of ～（～の前に） □ board（動詞 ～に搭乗する）

2.

解説 女性の動作や周りの物を確認します。女性はキーボードには触れていないので、(A) は不正解。カップはテーブルの上にありますが、何かを飲んでいるわけではないので、(B) も不正解。また、女性がコンピュータを修理している動作は確認できないので、(D) も不正解。そのため、「何かを持っている」の意味の (C) が正解になります。コンピュータやカップなど、周りにある物と人物の関係をしっかり写真で確認しましょう。

正解 (C)

スクリプト

(A) She is typing on the keyboard.
(B) She is drinking something from a mug.
(C) She is holding something.
(D) She is repairing the computer.

訳 (A) 彼女はキーボードでタイプしている。

26　　27

ルールリスト

各パートの終わりには、それぞれのパートのポイントをまとめたルールリストが掲載されています。パートの総まとめとして、全部のルールをマスターできるようしっかりと学習しましょう。

PART 1 ルールリスト

UNIT 1～3で学習したルールをもう一度確認しましょう。Part 1 では、音声が流れる前に、写真をしっかりチェックしておくことが大切です。自信のない項目については、しっかり復習しておきましょう。

UNIT01 1人の人物写真は、動作・持ち物をチェック

ルール		
ルール 1	[illegible]	CHECK > 23ページ
ルール 2	[illegible]	CHECK > 23ページ
ルール 3	[illegible]	CHECK > 23ページ
ルール 4	[illegible]	CHECK > 25ページ
ルール 5	[illegible]	CHECK > 25ページ

UNIT02 複数の人物写真は共通点・相違点に注目

ルール		
ルール 6	[illegible]	CHECK > 30ページ
ルール 7	[illegible]	CHECK > 30ページ
ルール 8	[illegible]	CHECK > 30ページ
ルール 9	[illegible]	CHECK > 32ページ
ルール 10	[illegible]	CHECK > 32ページ

43

音声ダウンロードについて

本書に掲載されている英文の音声が無料でダウンロードできますので、下記の手順にてご活用ください。

■パソコンにダウンロードする

①パソコンからインターネットでダウンロード用サイトにアクセスする

下記の URL を入力してサイトにアクセスしてください。

https://tofl.jp/books/2472

②音声ファイルをダウンロードする

サイトの説明に沿って音声ファイル(MP3 形式)をダウンロードしてください。

※スマートフォンにダウンロードして再生することはできませんのでご注意ください。

■音声を再生する

①音声ファイルをパソコンの再生用ソフトに取り込む

ダウンロードした音声を iTunes などの再生用ソフトに取り込んでください。

②音声を再生する

パソコン上で音声を再生する場合は、iTunes などの再生ソフトをお使いください。iPhone などのスマートフォンや携帯用の音楽プレーヤーで再生する場合は、各機器をパソコンに接続し、音声ファイルを転送してください。

※各機器の使用方法につきましては、各メーカーの説明書をご参照ください。

■音声は 4 カ国の発音で録音

音声は、アメリカ、カナダ、英国、オーストラリアの 4 カ国の発音で録音されています。スクリプトには、それぞれの音声を表す下記のマークがついていますので、さまざまな音に慣れる練習に役立ててください。

アメリカ　カナダ　英国　オーストラリア

TOEICについて

TOEIC（Test of English for International Communication）は、米国にある非営利テスト開発機関である Educational Testing Service（ETS）によって開発・制作された、Listening と Reading という受動的な能力を客観的に測定する世界共通のテストです。評価は合否ではなく 10 点から 990 点までのスコアで表されます。このスコアは、能力に変化がない限り一定に保たれるように統計処理がなされます。

TOEIC の日本の受験者数は年間約 250 万人（2018 年）で、さまざまな企業で、自己啓発や英語研修の効果測定、新入社員の英語能力測定、海外出張や駐在の基準、昇進・昇格の要件に使われています。また、学校では、授業の効果測定、プレイスメント、さらには英語課程の単位認定基準、推薦入試基準などに使われることもあります。

TOEIC の公開テストは 1 月、3 月、4 月、5 月、6 月、7 月、9 月、10 月、11 月、12 月の年 10 回、全国の 80 都市で実施されており、インターネットかコンビニ端末で申し込むことができます。受験地ごとに実施の時期が異なることがありますので、詳しくは下記の公式ページなどでご確認ください。

URL：http://www.iibc-global.org
一般財団法人　国際ビジネスコミュニケーション協会
IIBC 試験運営センター
〒 100-0014　東京都千代田区永田町 2-14-2　山王グランドビル
電話：03-5521-6033（土・日・祝日・年末年始を除く 10:00 ～ 17:00）

TOEICの構成

セクション	パート	問題形式	問題数
リスニングセクション（約45分間・100問）	PART 1	写真描写問題	6問
	PART 2	応答問題	25問
	PART 3	会話問題	39問（3×13）
	PART 4	説明文問題	30問（3×10）
リーディングセクション（75 分間・100問）	PART 5	短文穴埋め問題	30問
	PART 6	長文穴埋め問題	16問（4×4）
	PART 7	読解問題（1つの文書） （複数の文書）	29問 25問

リスニングセクション

PART 1

問題数	6 問
解答時間	1 問につき約 5 秒
問題形式	1 枚の写真について、4 つの短い英文が一度だけ放送されます。問題冊子には写真のみが印刷されています。(A) ～ (D) の 4 つのうち、写真を最も的確に描写しているものを選び、解答用紙にマークします。
傾向	2016 年の形式変更以前は、Part 1 は後半に若干馴染みがない表現を含む難しい問題が何問か出題されることがあったのですが、6 問に減ってからは比較的標準的な問題の出題が続いています。
注意点	Part 1 の開始前にはリスニングテスト全体と、Part 1 のディレクションが流れます。ディレクションは約 1 分 30 秒続きます。この間に Part 1 の写真を確認しておくようにしましょう。また、問題冊子の右下には Go on to the next page.（次のページに進んでください。）と書かれており、音声としても流れます。この音声の後に約 5 秒のポーズ（間）がありますので、この間にも次の問題の写真をチェックできます。

PART 2

問題数	25問
解答時間	1問につき約5秒
問題形式	最初に1つの質問または文が読まれ、次にそれに対する3つの応答がそれぞれ一度だけ放送されます。問題冊子には、問題番号とMark your answer on your answer sheet. という文のみが印刷されています。(A) ～ (C) のうち、設問文に対する応答として最もふさわしいものを選び、解答用紙にマークします。
傾向	このPartの最大の特徴は、質問や文とそれに対する応答がかなりパターン化されていることでした。しかしながら、最近では、典型的な応答ではないものが正解となる問題も増えつつあります。
注意点	Part 2では1問20秒、連続して25問を解かなければならず、集中力が問われます。文を聞き逃さないためには、問題番号が読まれる少し前から集中して聞いていることが大切です。ポーズ時間が短いので、ペースを乱してしまうと何問も連続して答えられなくなってしまうので注意しましょう。開始前に30秒程度、Part 2のディレクションがありますが、質問文、応答文ともに印刷されていませんので、事前の準備はできません。余裕のある方はPart 3、4の先読みをしておくとよいでしょう。

PART 3

問題数	39問（3×13）
解答時間	1問につき約8秒
問題形式	2人、あるいはそれ以上の人物による会話が一度だけ放送されます。会話は問題冊子には印刷されていません。会話の後で、問題冊子に印刷された設問文（放送される）と選択肢（放送されない）を読み、選択肢（A）～（D）の中から最も適当なものを選び、解答用紙にマークします。各会話には設問が3問ずつあります。
傾向	1つの会話の語数はおおむね100語前後なのですが、120語を超えるような長いものに出合うこともあります。会話はA→B→A→Bの4ターンの問題が圧倒的に多いですが、2016年5月の新形式移行後は、やりとりが非常に多いものや、3人の人物の会話が出題されるようになりました。また、会話中の表現の意図を問う問題、図表を見て解く問題も出題されるようになりました。
注意点	Part 3には例題はありません。指示文の内容は毎回同じなので、指示文が読まれている間に設問を読んでおきましょう。その際、固有名詞（人名、会社名など）や、疑問詞などを覚えておき、該当箇所を待ち伏せできるようにしてください。2016年度の改定で、図表問題、3人の会話の問題が出題されるようになりました。図表問題は、指先を図表に当てながら情報を追いかけるように解くとよいでしょう。3人の会話の問題は難易度が高いので、できなくても仕方がないと割り切って考えることも大切です。

PART 4

問題数	30 問（3 × 10）
解答時間	1 問につき約 8 秒
問題形式	アナウンスやナレーションのような説明文が一度だけ放送されます。説明文は問題冊子には印刷されていません。説明文の後で、問題冊子に印刷された設問文（放送される）と選択肢（放送されない）を読み、（A）～（D）の中から最も適当なものを選び、解答用紙にマークします。各説明文には設問が 3 問ずつあります。
傾向	基本的にトークは 100 語前後です。Part 3 同様、新形式になってから、図表をみて解く問題、トーク中の表現の意図を問う問題が追加されました。
注意点	Part 4 は話者が 1 人なので Part 3 と比較すればやや取り組みやすいと言えます。放送内容はある程度パターンが限られ、会議、電話・録音メッセージ、館内アナウンスなどが定番としてよく出題されています。Part 4 でも事前に固有名詞（人名、会社名など）や、疑問詞などを押さえておき、該当箇所を待ち伏せするようにしましょう。図表問題への対応も Part 3 と同様です。

リーディングセクション

PART 5

問題数	30 問
解答時間	1 問につき約 5 ～ 30 秒
問題形式	空所を含む文を完成させるために、4 つの選択肢の中から最も適当なものを選び、解答用紙にマークします。
傾向	文法問題・語彙問題の比率は、語彙問題の方がやや高く、6 割弱となっています。文法では、品詞問題は Part 5 全体のほぼ 3 割前後を占めます。その他、動詞の形、代名詞、関係詞などが出題されます。接続詞、前置詞の問題は TOEIC では語彙問題の中に分類されています。
注意点	Part 5 は文法、語彙の知識を問うもので、時間をかければ得点が伸びるというわけではありません。全文を読まなくても答えられる問題も多いので、時間をかけすぎないようにしましょう。また、わからない問題は適当にマークして、どんどん解き進めていくことも大切です。近年は語彙問題の割合が増加していますので、この Part での高得点を目指すのであれば語彙学習が不可欠です。TOEIC 用の単語集を活用しましょう。

PART 6

問題数	16 問（4 × 4）
解答時間	1 文書約 2 ～ 3 分
問題形式	4 か所の空所を含む不完全な文章を完成させるために、4 つの選択肢の中から最も適当なものを選び、解答用紙にマークします。
傾向	Part 6 は Part 5 に似た部分もありますが、Part 5 と同じような文法事項・語彙が問われている場合でも、文脈から判断しなければいけない要素が絡んでいることが多く、最近その傾向は強まりつつあります。
注意点	Part 6 は前後の文脈から解答の根拠を見出す必要があり、元々難易度の高い Part でしたが、2016 年の改定で適文補充問題が加わり、さらに難易度が高くなりました。Part 6 も、解答時間と得点が比例しにくい Part ですので、必要以上に時間をかけないことを意識し、余った時間を Part 7 に回すという意識で解き進めるとよいでしょう。

PART 7

問題数	54 問（1 つの文書：29 問、複数の文書：25 問）
解答時間	1 問 1 分
問題形式	広告、通知、フォーム、表、メール、チャット、記事と多様性に富んだ文書が出題されます。文書の概要・目的・書き手・読み手を問うもの、文書中の詳細を問うもの、文中の語・表現を問うもの・文書中に 1 文を挿入させるものが出題されます。
傾向	読解のテーマに大きな変化はありませんが、Part 7 の総単語数は徐々に増えているようです。したがって、同じ箇所をただ何度も読み直す、頭の中で一字一句日本語に置き換えようとする、というような読み方をしていると、時間内に全部の問題をこなすことができません。普段日本語を読む時のように、必要な情報のみを拾って内容を把握するようなリーディングの技術が要求されていると言えます。複数の文書（multiple passage）を読んで解く問題は、5 問のうち 2 問は 2 つ（以上）の文書を参照して解く問題になっています。
注意点	Part 7 では大量の英文を読み、設問に答えなければなりません。長文を見ると、つい最初から全文を読みたい気持ちになるかと思いますが、TOEIC では求めている情報が得られたらそれ以上読む必要はありません。まず設問文を読んで、「どんな情報が求められているのか」を把握しておくことが大切です。ポイントを絞って必要な情報を素早く見つけ出したら、すぐに次の問題へと解き進めていくことが、Part 7 攻略の秘訣です。また、Part 7 は時間をかけるほど得点が上がる Part でもあります。Part 5、6 を効率よく解き、Part 7 の解答時間を確保することも成功のカギと言えます。

PART 1
写真描写問題

UNIT 01 1人の人物写真は、動作・持ち物をチェック …… 22
UNIT 02 複数の人物写真は共通点・相違点に注目 …… 29
UNIT 03 風景写真は、物の状態・位置関係を確認 …… 36
ルールリスト …… 43

UNIT 01

1人の人物写真は、動作・持ち物をチェック

POINT

1人の人物の写真では、その人物の動作・持ち物を音声が始まる前にしっかり確認しておくことが大切です。また、人物がいる場所や周りにある物についても、しっかり確認しておきましょう。

まず、写真をチェックし、次に、音声を聞きながら、スクリプトとルールを確認しましょう（問題冊子にはスクリプトは印刷されていません）。 TRACK 01

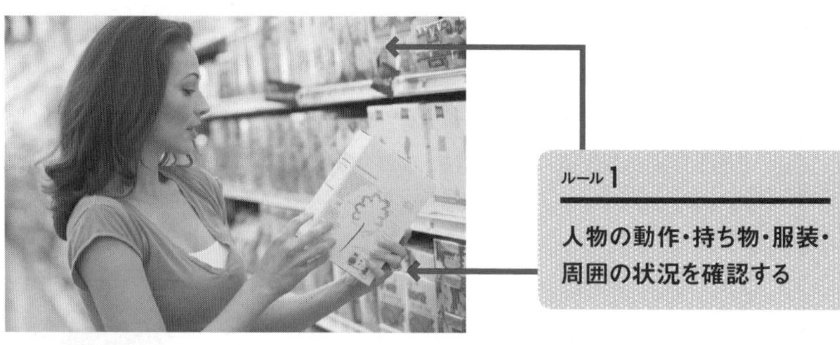

スクリプト

(A) The woman is reading a newspaper.
(B) The woman is booking a room.
(C) The woman is standing in line.
(D) The woman is holding a box.

ルール 2

1人の人物写真は、選択肢の動詞以降で判断する

訳
(A) 女性は新聞を読んでいる。
(B) 女性は部屋を予約している。
(C) 女性は列に並んでいる。
(D) 女性は箱を持っている。

WORDS □ book（他動 ～を予約する） □ in line（1 列になって） □ hold（他動 ～を手に持つ）

ルール 1 人物の動作・持ち物・服装・周囲の状況を確認する

まず、音声が流れる前に、写真の様子を確認しましょう。女性の前に商品が並んだ陳列棚があり、女性は商品の 1 つを手にしています。さらに、女性の動作を詳しく見てみましょう。写真からは、女性の standing（立っている）、holding（～を持っている）、reading（～を読んでいる）、looking（見ている）などの動作が確認できます。「現在行っている動作」については、現在進行形〈be 動詞＋動詞の -ing 形〉で表されます。

ルール 2 1人の人物写真は、選択肢の動詞以降で判断する

1 人の人物写真では、選択肢の主語が同じ場合が多いので、動詞部分とその後ろの数語で判断します。

例題では、(A) reading の動作は確認できますが、newspaper は写真から確認できません。(C) standing の動作は確認できますが、stand in line は「列に並ぶ」の意味なので、写真の状況と一致しません。また、(D) は女性が「箱を手に持っている」動作が写真から確認できるので、これが正解です。

ルール 3 音読練習でリズムに慣れる

Part 1 の選択肢は短いので、聞き逃さないようにするためには、英文のリズムに慣れておく必要があります。英文のリズムをつかむには、音読練習が効果的です。強く読まれるところは、聞き取りのポイントでもあります。リズムは母音にのるので、母音を意識して音読してみましょう。

The **man** is **holding** a **book**.
（男性は本を持っている）

まず、写真をチェックし、次に、音声を聞きながら、スクリプトとルールを確認しましょう（問題冊子にはスクリプトは印刷されていません）。 TRACK 03

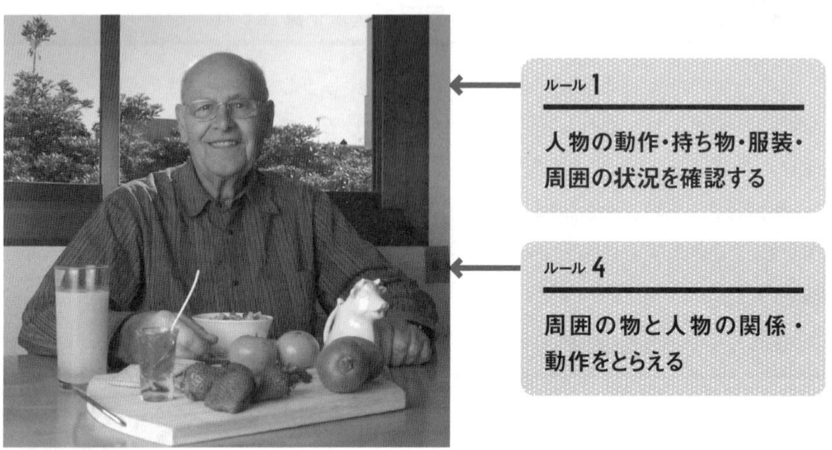

ルール 1

人物の動作・持ち物・服装・周囲の状況を確認する

ルール 4

周囲の物と人物の関係・動作をとらえる

スクリプト

(A) The man is sitting outside.

(B) The man is putting on glasses.

(C) The man is wearing a long-sleeved shirt.

(D) The man is holding a glass.

ルール 5

進行形に注意する

訳 (A) 男性は屋外に座っている。
(B) 男性は眼鏡をかけているところだ。
(C) **男性は長袖のシャツを着ている。**
(D) 男性はグラスを持っている。

WORDS □ outside（副 屋外で） □ put on ～（～を身につける） □ glasses（名 眼鏡）
□ long-sleeved（形 長袖の）

ルール 1 人物の動作・持ち物・服装・周囲の状況を確認する

音声が流れる前に、写真の男性の動作・持ち物・服装・周囲の状況を確認しておきましょう。まず、写真の男性は、window（窓）の前にいて、食べ物が並んだ table（テーブル）の前に座っています。次に、男性の服装ですが、男性は眼鏡（glasses）をかけており、長袖のシャツを着ています。

例題の選択肢（A）は、場所（室内か室外か）が判断のポイントで、outside を聞いた時点で誤りとわかります。

ルール 4 周囲の物と人物の関係・動作をとらえる

男性の動作としては、sitting（座っている）、smiling（ほほ笑んでいる）などが確認できます。また、「何をしているか」だけでなく、「何をしていないか」も意識することが大切です。食べ物がテーブルに並んでいますが、男性は何も食べてはいませんし、手に何も持っていません。

例題の場合、男性が「手に何も持っていない」と確認できていれば、選択肢（D）はすぐに消去できます。

ルール 5 進行形に注意する

男性は眼鏡をかけていますが、（B）の put on ～は「～を身につける」という動作を表しますので、「眼鏡をかけている最中である」の意味になります。男性が「眼鏡をかけている」動作は写真から確認できないので、不正解になります。一方、（C）の wear は「～を身につけている」という状態を表しますので、「長袖のシャツを着ている」の意味で、正解になります。Part 1 では、動作を表す put on ～（～を身につける）や take off ～（～を脱ぐ、外す）などが、進行形で選択肢に使われることが多いので、注意しましょう。

練習問題

音声を聞いて、次の写真を最も適切に表している選択肢を選びましょう。

1.

2.

解答と解説

1.

解説 写真の男性の動作と位置を確認します。(A) の窓は写真の中に確認できません。男性は黒板の前に立っているので、(B) が正解。男の人は座ってはいないので、(C) は不正解。(D) は board が、「～に搭乗する」の意味の動詞として使われた、ひっかけの選択肢になっています。

正解 (B)

スクリプト

(A) The man is looking out the window.
(B) The man is standing in front of a blackboard.
(C) The man is sitting on a chair.
(D) The man is boarding a plane.

訳 (A) 男性は窓の外を見ている。
(B) 男性は黒板の前に立っている。
(C) 男性は椅子に座っている。
(D) 男性は飛行機に乗り込んでいる。

WORDS □ look out（外を見る） □ in front of ～（～の前に） □ board（他動 ～に搭乗する）

2.

解説 女性の動作や周りの物を確認します。女性はキーボードには触れていないので、(A) は不正解。カップはテーブルの上にありますが、何かを飲んでいるわけではないので、(B) も不正解。また、女性がコンピュータを修理している動作は確認できないので、(D) も不正解。そのため、「何かを持っている」の意味の (C) が正解になります。コンピュータやカップなど、周りにある物と人物の関係をしっかり写真で確認しましょう。

正解 (C)

スクリプト

(A) She is typing on the keyboard.
(B) She is drinking something from a mug.
(C) She is holding something.
(D) She is repairing the computer.

訳 (A) 彼女はキーボードでタイプしている。

(B) 彼女はマグカップから何かを飲んでいる。
(C) **彼女は何かを持っている。**
(D) 彼女はコンピュータを修理している。

WORDS □ mug (名 マグカップ) □ repair (他動 ～を修理する)

リズムは母音にのります

演劇の練習で母音だけで発声練習をすることがありますが、これは、言葉は母音で発声するためです。そのため、母音を意識してリズムを取りながら音読練習を続けると音が耳に残るようになってきます。その際、二重母音に特に注意して練習してください。

Part 1のルールのまとめ > 43ページを参照

UNIT 02
複数の人物写真は共通点・相違点に注目

POINT

複数の人物が写っている写真では、それぞれの人物の服装や動作に注意し、共通点と相違点をしっかり意識することが大切です。**また、場所や状況についても、音声が始まる前に確認しておきましょう。**

まず、写真をチェックし、次に、音声を聞きながら、スクリプトとルールを確認しましょう（問題冊子にはスクリプトは印刷されていません）。 TRACK 05

ルール 6

人物の共通点・相違点を見つける

スクリプト

(A) They are having a meal.
(B) Some of them are giving a presentation.
(C) They are talking about something.
(D) All of them are wearing a tie.

ルール 7

複数の人物写真では、選択肢の主語部分に注意する

訳 (A) 彼らは食事をしている。
(B) 彼らのうち数人がプレゼンをしている。

(C) 彼らは何かについて話している。
(D) 彼らの全員がネクタイをしている。

WORDS □ meal (名 食事) □ give a presentation (プレゼンをする)

ルール 6 人物の共通点・相違点を見つける

複数の人物写真では、まず共通点に注目します。写真の中の人物は全員 white coat / white gown (白衣) を着てテーブルの周りに座っています。何人かは document (書類) を見ています。写真の中の人物は誰も食事をしていないので、(A) は不正解。プレゼンをしている人も確認できないので、(B) も誤りです。写真の人物は全員テーブルを囲んで何かを話し合っているので、(C) が正解になります。tie(ネクタイ)をしている人は1人確認できますが、全員ではないので、(D) は誤りです。

ルール 7 複数の人物写真では、選択肢の主語部分に注意する

1人の人物写真と違って、複数の人物写真では選択肢の主語部分が異なる場合が多いので、主語部分に注意しましょう。one of the men と the men、some of them と all of them、some people と people など、一部を指すのか全部を指すのかを、きちんと聞き分けなければなりません。たとえば、(D) は One of them is wearing a tie. であれば正解ですが、主語部分 All of them を聞き逃してしまうと、判断ができません。

ルール 8 音読練習で細かい部分の聞き取りに慣れる

複数の人物写真では、主語が単数か複数かが決め手になることがありますが、単数と複数の聞き分けは意外に難しいものです。The boy's sitting at the table. のように短縮形で読まれることもあるので、動詞部分もしっかりと聞き取る必要があります。音読練習をして、細かい部分も聞き取れるようにしておきましょう。

The **boy** *is* **sitting** at the **table**.
The **boys** *are* **sitting** at the **table**.

まず、写真をチェックし、次に、音声を聞きながら、スクリプトとルールを確認しましょう（問題冊子にはスクリプトは印刷されていません）。 TRACK 07

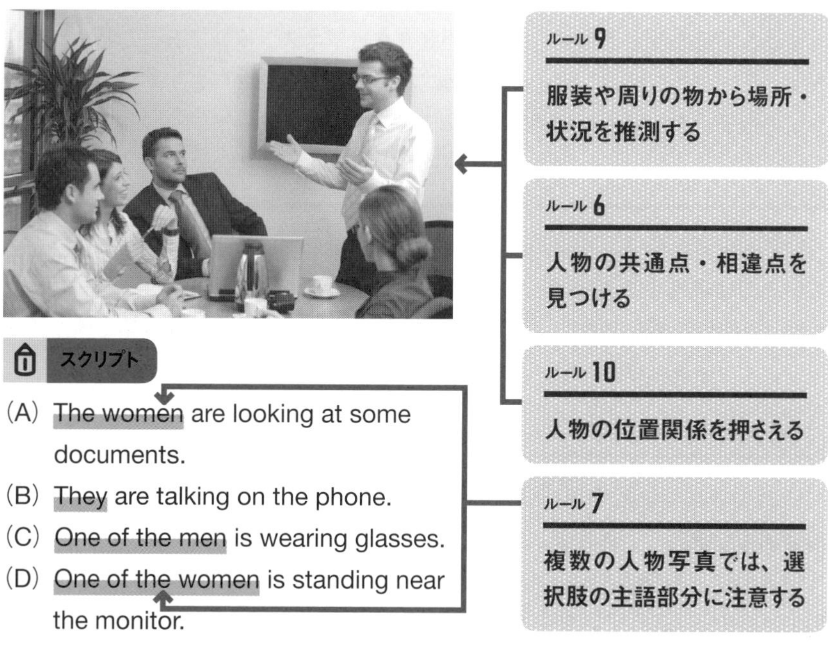

ルール 9
服装や周りの物から場所・状況を推測する

ルール 6
人物の共通点・相違点を見つける

ルール 10
人物の位置関係を押さえる

ルール 7
複数の人物写真では、選択肢の主語部分に注意する

スクリプト

(A) The women are looking at some documents.
(B) They are talking on the phone.
(C) One of the men is wearing glasses.
(D) One of the women is standing near the monitor.

訳
(A) 女性たちはいくつかの書類を見ている。
(B) 彼らは電話で話している。
(C) **男性たちの1人は眼鏡をかけている。**
(D) 女性たちの1人はモニターのそばに立っている。

WORDS □ talk on the phone（電話で話す） □ one of ～（～のうちの1つ、1人）

ルール 9 服装や周りの物から場所・状況を推測する

例題のように人物が複数いる場合、まず「男性が 3 人、女性が 2 人」のように、大まかな状況をとらえます。彼らの服装からビジネスシーンであることもわかります。テーブルにはコンピュータ、カップ、ポットなどがあります。壁のモニターや机の様子から、場所は会議室と推測できます。

ルール 6 人物の共通点・相違点を見つける

彼らは全員、テーブルを囲み、何かについて話しているように見えます。立っているのは男性 1 人だけで、この男性だけが glasses（眼鏡）をかけています。また、jacket（上着）を着ている男性も 1 人だけです。女性の 1 人は手に何か持っています（holding something in her hand）。

ルール 10 人物の位置関係を押さえる

Part 1 では、位置表現が解答のヒントとなることがありますので、各人物の位置関係も確認しておきましょう。

例題では、右側の男性（the man on the right）がモニターの近くに（near the monitor）立っています。左側の女性（the woman on the left）は、ペンのような物を手に持っています。また、コンピュータの前に座っている男性（the man sitting in front of the computer）は、上着を着ています。

ルール 7 複数の人物写真では、選択肢の主語部分に注意する

複数の人物写真なので、選択肢の主語部分に注意して、写真の状況と突き合わせます。写真に document（書類）らしいものは写っていないので、(A) は誤りです。電話をしている動作は確認できないので、(B) も誤りです。男性の 1 人が眼鏡をかけているという描写は、写真と一致するので、(C) が正解。女性は 2 人とも座っているので、(D) は誤りです。

練習問題

音声を聞いて、次の写真を最も適切に表している選択肢を選びましょう。

1.

2.

解答と解説

1.

解説 2人の男性の共通点と相違点を確認します。2人とも眼鏡をかけているので、(A) が正解です。2人とも本を見ているので、(B) は不正解。look away from the book は「本から目をそらす」という意味です。男性たちは屋外で本を読んでいるので、in a library（図書館の中）と言っている (C) も不正解となります。男性の1人は開いた本のページを指さしていますが、箱は写真の中に確認できないので、(D) は不正解です。

正解 (A)

1 スクリプト

(A) The men are wearing glasses.
(B) One of them is looking away from the book.
(C) They are studying in a library.
(D) One of them is pointing at a box.

訳 (A) 男性たちは眼鏡をかけている。
(B) 彼らの1人は本から目をそらしている。
(C) 彼らは図書館で勉強している。
(D) 彼らの1人は箱を指さしている。

WORDS □ look away from ～（～から目をそらす） □ library（名 図書館）
□ point at ～（～を指さす）

2.

解説 写真から、男女が森の中を散歩している状況が確認できます。海岸は確認できないので、(A) は不正解。男性は杖を持っているので、(B) が正解。2人の男女は並んで歩いていますが、座ってはいないので、(C) は誤りです。女性は頭に何もかぶっていないので、(D) も誤りです。

正解 (B)

2 スクリプト

(A) They are walking along the beach.
(B) The man is holding a stick.
(C) The man and the woman are sitting side by side.
(D) The woman is wearing a hat.

訳 (A) 彼らは海岸に沿って歩いている。
(B) **男性は杖を持っている。**
(C) 男性と女性は並んで座っている。
(D) 女性は帽子をかぶっている。

WORDS □ along (前 ～に沿って) □ stick (名 杖) □ side by side (並んで)

COLUMN

some of them や all of them

of は弱い「ア」の音のように読まれることがしばしばあります。そのため、some of them は「サマゼム」、all of them は「オラゼム」のように聞こえることがあります。of を「オブ」と思っていると聞き取りについていけなくなってしまうことがあるので、自分でも同じように言えるように練習しておくとよいです。

Part 1のルールのまとめ > 43ページを参照

UNIT 03
風景写真は、物の状態・位置関係を確認

POINT

Part 1 では人が全く写っていない風景写真も出題されます。そのような写真では、「何が」「どのような状態にあるか」を押さえておくことが大切です。また、写っている物の位置関係にも注意しましょう。

まず、写真をチェックし、次に、音声を聞きながら、スクリプトとルールを確認しましょう（問題冊子にはスクリプトは印刷されていません）。 TRACK 09

ルール 11
視点は全体から細かい部分へ

ルール 12
写っている物の状態や状況をとらえる

スクリプト

(A) The restaurant is full of people.
(B) The dining room is being cleaned.
(C) Tables and chairs have been neatly arranged.
(D) Some of the chairs are damaged.

ルール 13
現在進行形の受動態では、人が写っているか確認する

訳
(A) レストランは人でいっぱいだ。
(B) ダイニングルームは掃除中だ。
(C) テーブルと椅子はきれいに並べられている。
(D) いくつかの椅子は壊れている。

WORDS
- dining room（名 ダイニングルーム）
- neatly（副 きれいに）
- arrange（他動 ～を並べる、配置する）
- damaged（形 損傷がある、壊れた）

ルール 11 視点は全体から細かい部分へ

写真にはテーブル（table）と椅子（chair）がたくさん並んでいるのが見えます。さらに詳しく見ると、テーブルの上には、お皿（dish / plate）、ナプキン（napkin）、ナイフ（knife）やフォーク（fork）なども確認できます。このように、まず目立つものに注目し、徐々に細かい物へと視点をシフトしていきましょう。写真に人は写っていないので、（A）は誤りとわかります。

ルール 12 写っている物の状態や状況をとらえる

写真に写っている物が「どのような状態にあるか」についても、よく確認しておきましょう。例題の写真では、多数のテーブルと椅子がきれいに（neatly）並べられており、テーブルの上には食器類がセットされています（The tables are set / ready.）。（C）は「テーブルと椅子がきれいに並べられている」という状態を描写しているので、これが正解になります。また、壊れた状態の椅子は写っていないので、（D）は誤りです。

ルール 13 現在進行形の受動態では、人が写っているか確認する

選択肢に受動態の進行形〈be 動詞＋ being ＋過去分詞〉（今～されているところだ）が使われているときは、写真に人物が写っているかどうかを確認しましょう。写真に人が写っていない場合、受動態の進行形の選択肢は誤りであることが多いので、注意しましょう。

例題の（B）The dining room is being cleaned. のように、受動態の進行形が使われた文では、動作をしている人を表す〈by ＋人〉が省略されています。写真には、掃除をしている人が写っていないので、誤りとなります。

まず、写真をチェックし、次に、音声を聞きながら、スクリプトとルールを確認しましょう（問題冊子にはスクリプトは印刷されていません）。 TRACK 10

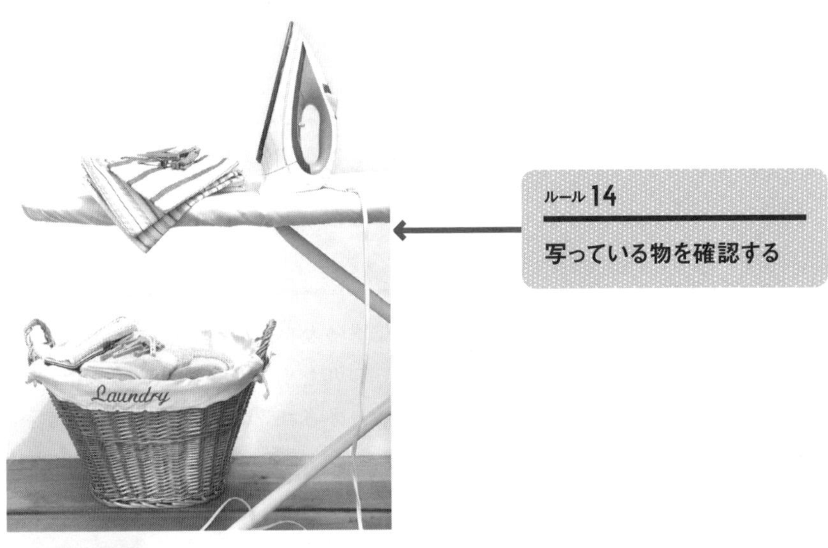

スクリプト

(A) Some of the laundry is being ironed.

(B) The shirt is hanging on the wall.

(C) Clothes are spread out over the table.

(D) An iron is sitting on top of the ironing board.

ルール15
位置表現を押さえる

訳
(A) 洗濯物のいくつかはアイロンをかけられているところだ。
(B) シャツが壁にかかっている。
(C) 衣類がテーブルに広げられている。
(D) アイロンがアイロン台の上にある。

WORDS □ iron（他動 ～にアイロンをかける 名 アイロン） □ hang（自動 かかる）
□ spread（他動 ～を広げる） □ on top of ～（～の上に）

ルール14 写っている物を確認する

写真から確認できる物は、アイロン（iron）、アイロン台（ironing board / ironing table）、バスケット（basket）、洗濯物（laundry）、洗濯ばさみ（clothespin）、布（cloth）、壁（wall）、床（floor）などです。

（B）の shirt、（C）の table など、写真で確認できない物について述べている選択肢は誤りです。また、写真に人が写っていないので、受動態の進行形〈be 動詞＋ being ＋過去分詞〉を使った選択肢（A）は誤りと判断します。

ルール15 位置表現を押さえる

洗濯物の入ったバスケットは床の上（on the floor）にあります。布とアイロンはアイロン台の上（on the ironing board）にあります。

風景写真では、物の位置関係が決め手となることがあるので、基本的な位置表現をしっかり押さえておきましょう。

- on top of ～（～の上に）
- in front of ～（～の前に）
- next to ～（～の隣に）
- side by side（並んで）
- over（～を覆って）
- near（～のそばに）
- across（～の向かいに）

ルール16 英語のつながった音に慣れる その1

Part 1 では、位置表現が聞き取りのカギとなることがありますが、in front of ～、on top of ～などの前置詞句は、カタマリで発音されるため、聞き取りにくく感じます。音読練習をして、つながった音に慣れておきましょう。イントネーションの山と谷を意識しながら、音声と同じ速さで言えるようになるまで練習しましょう。母音でリズムを取るのがコツです。

TRACK 11

The woman is **standing** in **front** of the **house**.

練習問題

音声を聞いて、次の写真を最も適切に表している選択肢を選びましょう。

1.

2.

解答と解説

1.

解説 写真からは、雪をかぶった車が確認できます。今、雪が降っているところではないので、(A) は誤り。また、写真の中に動作をしている人物が確認できないので、進行形の受動態を使った (B)、(C) は誤りです。(D) は「車が雪に覆われている」という状態を説明しているので、これが正解です。選択肢では car (乗用車)、vehicle (車両)、automobile (自動車) など、車を表すいろいろな単語が使われているので、あわせて覚えておきましょう。

正解 (D)

スクリプト

(A) It is snowing heavily.
(B) The car is being parked.
(C) The vehicle is being repaired.
(D) The automobile is covered with snow.

訳 (A) 大雪が降っている。
(B) その車は駐車しているところだ。
(C) その車両は修理されているところだ。
(D) その車は雪で覆われている。

WORDS
- park (他動 ～を駐車する)
- vehicle (名 車、車両、乗り物)
- be covered with ～ (～で覆われている)

2.

解説 手前には本の置かれた机と椅子、奥には本棚が写っています。椅子は 1 つしか確認できないので、(B) は誤り。テーブルの上の本はきれいに並べられていないので、(A) も誤り。本棚には本がたくさん並んでいるので、(C) も誤りです。(D) の stacked in piles は「いくつかの山に積まれている」という状態を表すので、これが正解です。このような物の置かれ方を描写する表現に慣れておきましょう。

正解 (D)

スクリプト 🍁

(A) The books on the table are neatly arranged.
(B) There are two chairs behind the desk.
(C) Few books are kept on the book shelves.
(D) Some books are stacked in piles.

訳 (A) 机の上の本はきれいに並べられている。
(B) 机の後ろに椅子が 2 つある。
(C) 本棚には、ほとんど本がない。
(D) 本が数冊積み上げられている。

WORDS □ behind（前 ～の後ろに） □ stack（他動 ～を積み重ねる）
□ pile（名〔本・書類などの〕山）

COLUMN

日常生活で目にするものを英語で何と言うか覚えておきましょう

注意すべき単語をいくつか紹介します。台所用品：stove（コンロ）、microwave oven（電子レンジ）、家具：sofa（ソファー ※ [sóufə] 発音に注意）、couch（長椅子、ソファー）、事務所：copier（コピー機）、cubicle（〔事務所で個人用スペースを作るための〕間仕切り）、車の部品：steering wheel（ハンドル）、wind shield（フロントガラス）

Part 1のルールのまとめ ＞ 43ページを参照

PART 1 ルールリスト

UNIT 1～3で学習したルールをもう一度確認しましょう。Part 1では、音声が流れる前に、写真をしっかりチェックしておくことが大切です。自信のない項目については、しっかり復習しておきましょう。

UNIT01 1人の人物写真は、動作・持ち物をチェック

ルール	内容	CHECK
□ ルール 1	人物の動作・持ち物・服装・周囲の状況を確認する	CHECK › 23ページ
□ ルール 2	1人の人物写真は、選択肢の動詞以降で判断する	CHECK › 23ページ
□ ルール 3	音読練習でリズムに慣れる	CHECK › 23ページ
□ ルール 4	周囲の物と人物の関係・動作をとらえる	CHECK › 25ページ
□ ルール 5	進行形に注意する	CHECK › 25ページ

UNIT02 複数の人物写真は共通点・相違点に注目

ルール	内容	CHECK
□ ルール 6	人物の共通点・相違点を見つける	CHECK › 30ページ
□ ルール 7	複数の人物写真では、選択肢の主語部分に注意する	CHECK › 30ページ
□ ルール 8	音読練習で細かい部分の聞き取りに慣れる	CHECK › 30ページ
□ ルール 9	服装や周りの物から場所・状況を推測する	CHECK › 32ページ
□ ルール 10	人物の位置関係を押さえる	CHECK › 32ページ

UNIT03 風景写真は、物の状態・位置関係を確認

ルール	内容	CHECK
□ ルール 11	視点は全体から細かい部分へ	CHECK > 37ページ
□ ルール 12	写っている物の状態や状況をとらえる	CHECK > 37ページ
□ ルール 13	現在進行形の受動態では、人が写っているか確認する	CHECK > 37ページ
□ ルール 14	写っている物を確認する	CHECK > 39ページ
□ ルール 15	位置表現を押さえる	CHECK > 39ページ
□ ルール 16	英語のつながった音に慣れる　その1	CHECK > 39ページ

QUESTION-RESPONSE

PART 2
応答問題

UNIT 04 Wh- 疑問文は〈疑問詞+主語+動詞〉を聞き取る 46
UNIT 05 Yes / No 疑問文は、主語と動詞を聞き取る 53
UNIT 06 依頼・許可・勧誘の定型表現を押さえよう 61
UNIT 07 いろいろな疑問文に慣れよう 69
ルールリスト 77

UNIT 04
Wh- 疑問文は〈疑問詞＋主語＋動詞〉を聞き取る

POINT

Part 2 では、when、where、who、what などの疑問詞で始まる設問文が多く出題されます。**このような Wh- 疑問文では、疑問詞はもちろん、主語、動詞まで聞き取るようにしましょう。**

音声を聞きながら、次の例題の解答の手順を確認しましょう（問題冊子にはスクリプトは印刷されていません）。 TRACK 13

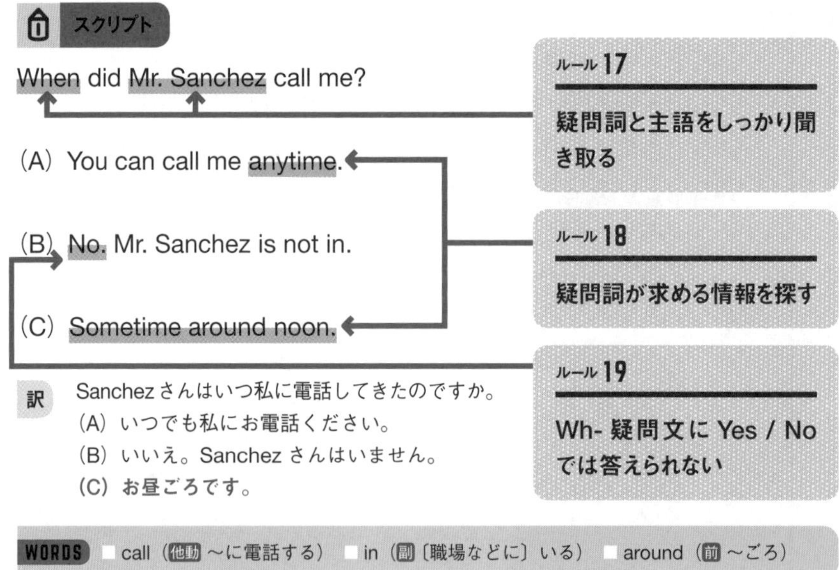

訳 Sanchez さんはいつ私に電話してきたのですか。
(A) いつでも私にお電話ください。
(B) いいえ。Sanchez さんはいません。
(C) お昼ごろです。

WORDS □ call（他動 ～に電話する） □ in（副〔職場などに〕いる） □ around（前 ～ごろ）

ルール17 疑問詞と主語をしっかり聞き取る

when、where などで始まる Wh- 疑問文は、疑問詞が聞き取れれば、「何が問われているか」がわかります。問題番号の直後に集中し、最初の疑問詞をしっかり聞き取ることが大切です。疑問詞に加えて、主語まで聞き取れれば、選択肢はかなり絞り込めます。例題では、主語の Mr. Sanchez が聞き取れれば、選択肢（A）は不正解であることがすぐにわかります。

ルール18 疑問詞が求める情報を探す

設問文が when で始まっていれば「時」、where であれば「場所」というように、必要な情報について述べている選択肢を探すように聞きましょう。例題の設問文は when で始まるので、「時」を表す表現を探しながら選択肢を聞きます。(A) の anytime と（C）の Sometime around noon が時を表していますが、(A) は主語と時制（設問文は過去時制）が一致しません。（C）は（He called you) sometime around noon. という文が略された形で、「いつ」に対して「お昼ごろ」と答えており、会話が自然に流れます。

ルール19 Wh- 疑問文にYes / Noでは答えられない

Wh- 疑問文には、原則として Yes / No では答えられないので、Yes や No で始まる選択肢は、基本的に誤りと考えて問題ありません。したがって、No を聞いた時点で選択肢（B）を消去します。

ルール 20 設問文のリズムに慣れる

Wh- 疑問文では冒頭の疑問詞を聞き取ることが大切です。疑問詞は強く読まれますが、聞き取りには、リズムに合わせた音読練習が効果的です。山と谷をしっかり意識して音読してみましょう。

Where did you stay in Zurich?

音声を聞きながら、次の例題の解答の手順を確認しましょう（問題冊子にはスクリプトは印刷されていません）。 TRACK 15

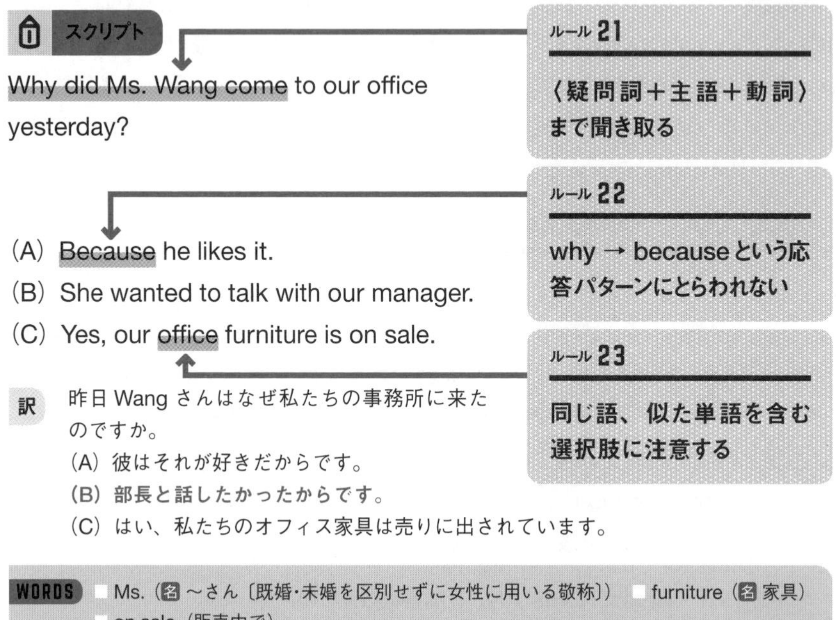

訳 昨日 Wang さんはなぜ私たちの事務所に来たのですか。
(A) 彼はそれが好きだからです。
(B) 部長と話したかったからです。
(C) はい、私たちのオフィス家具は売りに出されています。

WORDS
□ Ms.（名 ～さん〔既婚・未婚を区別せずに女性に用いる敬称〕） □ furniture（名 家具）
□ on sale（販売中で）

ルール 21 〈疑問詞＋主語＋動詞〉まで聞き取る

whatやwhyで始まる設問文では、whenやwhereに比べると、尋ねられている内容が複雑になりますので、全体的な内容をしっかり聞き取る必要があります。疑問詞と主語に加えて、動詞部分まで聞き取るようにしましょう。例題では、Ms. Wangが聞き取れれば、heが主語の（A）は不正解とわかります。また、過去を表すdidと文末のyesterdayが聞き取れれば、時制の点からも、（A）は不正解と判断できます。

ルール 22 why → becauseという応答パターンにとらわれない

why で始まる疑問文だからといってbecauseで答えるとは限りません。決まった応答パターンにこだわらずに、選択肢の意味をよく考えて選ぶようにしましょう。

例題では、Whyに対して、Becauseで答えている（A）は、主語も時制も一致しません。また、itが何を指すかが不明確で、会話として成り立ちません。becauseは使われていませんが、（B）は「Wangさんが事務所に来た理由」を説明しているので、正解になります。

ルール 23 同じ語、似た単語を含む選択肢に注意する

Part 2では、設問文で使われた語と似た単語や、関連する単語を含むひっかけの選択肢がありますので、要注意です。

（C）は、Whyに対してYesで答えているので、すぐに消去できますが、似た語を使った典型的なひっかけの選択肢です。設問文のofficeという語を含んでいますが、内容は全く関連がありません。

練習問題

音声を聞いて、次の問題に答えましょう。 

1. Mark your answer on your answer sheet.

2. Mark your answer on your answer sheet.

3. Mark your answer on your answer sheet.

解答と解説

1.

解説 where で始まる設問文に対し、「場所」を答えているのは (A) と (B) です。(A) は Where に対して Yes で答えているので誤り。また、設問文の主語 Patricia に対して、(A) の主語は we になっています。(B) は「どこへ行ったのか」に対する適切な応答となっているので、これが正解。(C) は「いつ休暇から戻ってくるのか」、つまり when に対する応答となるので、不正解。

正解 (B)

スクリプト Q: A:

Where did Patricia go for her vacation?
(A) Yes, we went to the zoo.
(B) Maybe, New Zealand.
(C) I am not sure when she will be back.

訳 Patricia は、休暇にどこへ行ったのですか。
(A) はい、私たちは動物園に行きました。
(B) おそらく、ニュージーランドです。
(C) いつ彼女が戻ってくるのかわかりません。

WORDS □ vacation (名 休暇) □ sure (形 確信して) □ back (副 戻って)

2.

解説 When で始まる設問文に対して、Yes で答えているので、(A) は誤りです。(B) は、設問文の主語 you に対し、全く関連のない He が主語になっています。(C) は具体的な「時」を答えてはいませんが、「(いつかは) まだ決めていません」と意味を補えば、つじつまが合います。設問文の主語がしっかり聞き取れれば対応できそうな問題です。

正解 (C)

スクリプト Q: A:

When are you moving to Chicago?
(A) Yes, she got it all.
(B) He is planning to stay longer.
(C) I haven't decided yet.

訳 いつシカゴに引っ越すのですか。
(A) はい、彼女はすべてを備えています。
(B) 彼はもっと長く滞在する予定です。
(C) まだ決めていません。

WORDS □move to ～（～に引っ越す） □decide（他動 ～を決める）

3.

解説 What do you think of ～？は、「～をどう思いますか」と相手の意見を尋ねる表現です。(A) は our new project manager を she で受けて、「彼女はよくやっていると思う」と、つじつまの合う応答になっているので、これが正解。(B) は manager ではなく project についての意見で、質問のポイントとずれた応答になっているので、誤り。また、(C) は What を含む設問文に対し Yes で答えているので、不正解となります。

正解 (A)

スクリプト Q: 🇺🇸 A: 🇬🇧

What do you think of our new project manager?
(A) I think she is doing a good job.
(B) Nothing new with the project.
(C) Yes, he is the new manager.

訳 私たちの新しいプロジェクトの責任者についてどう思いますか。
(A) 彼女はよくやっていると思います。
(B) プロジェクトについて何も新しいことはありません。
(C) はい、彼が新しい部長です。

WORDS □What do you think of ～？（～をどう思いますか） □manager（名 責任者、部長）

COLUMN

when や where など疑問詞を聞き取りましょう

Where did you stay in Zurich? などの文は最初の where を聞き取るのが重要です。where や when の聞き取りは母音を意識するとよいです。where では ere、when では en の部分に注意してください。母音に慣れてくると音が耳に残るようになってきます。母音の聞き取りには、音声に合わせて音読練習するのが役立ちます。

Part 2のルールのまとめ > 77ページを参照

UNIT 05

Yes / No 疑問文は、主語と動詞を聞き取る

POINT

Do you ～？などの Yes / No 疑問文では、主語と動詞を確実に聞き取るようにしましょう。**また、Yes / No の答え方にこだわらず、意味をよく考えて答えを選ぶのがポイントです。**

音声を聞きながら、次の例題の解答の手順を確認しましょう（問題冊子にはスクリプトは印刷されていません）。

TRACK 17

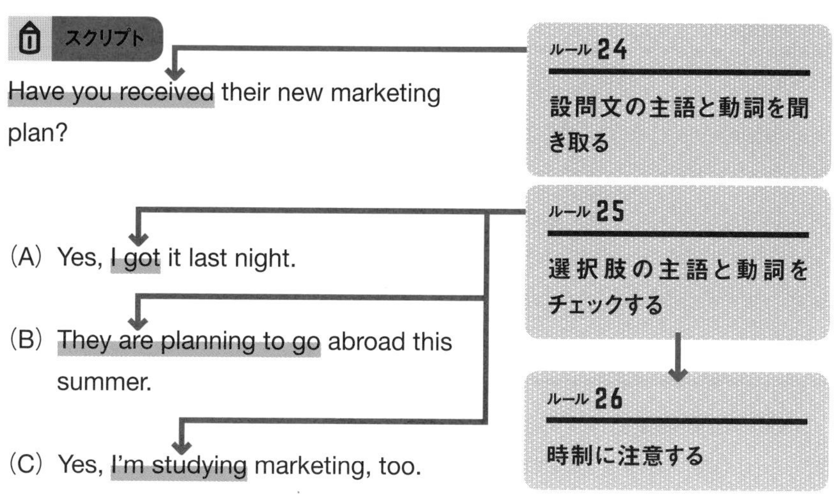

訳　彼らの新しいマーケティング計画は、もう受け取りましたか。
(A) はい、昨晩受け取りました。
(B) 彼らは、この夏海外に行く予定です。
(C) はい、私もマーケティングを勉強しています。

WORDS □ marketing plan（名 マーケティング計画） □ plan to ～（～する予定である）

ルール 24 設問文の主語と動詞を聞き取る

主語と動詞を含む数語が聞き取れれば、設問文の大意がつかめます。例題の主語は you、動詞が (have) received ですので、「相手が何かを受け取ったのかどうか」を尋ねていることがわかります。選択肢（A）は received の代わりに got が使われていますが、「受け取った」と応答しているので、会話が成り立ちます。

ルール 25 選択肢の主語と動詞をチェックする

Yes / No 疑問文の場合、Yes や No での応答が可能ですが、選択肢の主語と動詞をチェックし、意味の上から会話が成り立つものを選ぶようにしましょう。例題では、設問文の主語は you ですが、（B）は They が主語で、それが誰を指すのかもわかりません。

ルール 26 時制に注意する

設問文の動詞（have）received は現在完了形で、過去から現在までの幅のある時の範囲を表します。設問文と選択肢の時制が必ず一致するとは限りませんが、選択肢を絞り込むヒントになりますので、設問文の時制をしっかり意識することが大切です。例題の（B）are planning to go は未来の内容を表し、（C）の are studying は現在行われている動作を表すので、正解の可能性は低いと判断できます。また、意味の上でもつじつまが合いません。

ルール 27 Yes / No 疑問文の聞き取りのコツをつかむ

Yes / No 疑問文では、文頭の語句がつながって発音されることが多く、聞き取りにくく感じるかもしれません。下の例文では、文頭の Did you は、「ディデュ」のように、つながって発音されます。音読練習をして、文頭のつながった音に慣れておきましょう。

TRACK 18

Did you read the book?

音声を聞きながら、次の例題の解答の手順を確認しましょう（問題冊子にはスクリプトは印刷されていません）。

TRACK 19

スクリプト

Do you know how I can get more information on this product?

(A) Yes, they can.

(B) Kenneth wants to get more information.

(C) Try the number on this card.

ルール 28

間接疑問文は〈疑問詞＋主語＋動詞〉を聞き取る

ルール 29

選択肢の主語に注意する

ルール 30

設問文と同じ表現を含む選択肢は避ける

ルール 31

疑問詞に対する具体的な情報を探す

訳 どうしたらこの製品の情報をもっと得られるか知っていますか。
(A) はい、彼らはできます。
(B) Kenneth は情報をもっと欲しがっています。
(C) このカードにある電話番号にかけてみてください。

WORDS
- information（名 情報）
- product（名 製品）
- try（他動 ～を試す）
- number（名（電話）番号）

ルール 28 間接疑問文は〈疑問詞＋主語＋動詞〉を聞き取る

例題は、形の上では Yes / No 疑問文ですが、文中に〈疑問詞＋主語＋動詞〉の形が埋め込まれた間接疑問文になっています。間接疑問文では、文中に埋め込まれた how I can get more information（どうしたら情報をもっと得られるか）の部分が、問われている内容です。

ルール 29 選択肢の主語に注意する

設問文の主語を聞き取ったら、選択肢の主語にも注意して聞きましょう。唐突に出てくる、無関係な代名詞や名詞を使った選択肢は誤りである可能性が高く、例題でも、(A) の they、(B) の Kenneth は、誰を指すのかわからないので、誤りになります。

ルール 30 設問文と同じ表現を含む選択肢は避ける

設問文に出てきた表現を含む選択肢があるとつい選んでしまいたくなりますが、これはひっかけです。(B) は、設問文と同じ get more information を含みますが、設問文の内容とはまったく関連がありません。よくわからない場合は、同じ表現や似た表現を含む選択肢を選ぶのは避けましょう。

ルール 31 疑問詞に対する具体的な情報を探す

間接疑問文の場合、Yes / No での応答も可能ですが、実際には疑問詞が求める具体的な情報で答えることが多いです。また、求められている情報が提供できない場合は、I'm not sure. / I don't know.（わかりません）や Ask someone else.（他の人に聞いてみて）のような応答が正解になることもあります。例題では、埋め込まれた疑問詞 how に対して、Try the number on this card. と具体的な方法を答えている (C) が正解になります。

練習問題

音声を聞いて、次の問題に答えましょう。 

1. Mark your answer on your answer sheet.

2. Mark your answer on your answer sheet.

3. Mark your answer on your answer sheet.

解答と解説

1.

解説 「飛行機が時間どおりに着いたかどうか」を尋ねる Yes / No 疑問文です。(A) の it は your plane を指し、同じ動詞 arrive の過去形を使って答えているので、これが正解です。(B) も過去時制ですが、まったく関連のない「ライブ」について答えているので、誤り。設問文の arrive と a live が音のひっかけになっています。また、(C) には設問文と同じ time が使われていますが、主語 they が誰を指すのかわかりません。

正解 (A)

スクリプト Q: A:

Did your plane arrive on time?
(A) No, it arrived fifteen minutes late.
(B) Yes, I went to see a live show.
(C) No, they will be here in no time.

訳 あなたの飛行機は時間どおりに着きましたか。
(A) いいえ、15 分遅れで着きました。
(B) はい、私はライブを見に行きました。
(C) いいえ、彼らはすぐにここに着きます。

WORDS □ plane (名 飛行機) □ arrive (自動 着く) □ on time (時間通りに)

2.

解説 「値引きをしてくれたかどうか」を尋ねる Yes / No 疑問文です。設問文の主語は they ですが、(A) は He、(C) は she と、関連のない代名詞が主語になっています。また、時制の面から考えると、設問文が過去時制であるのに対して、(A) は未来時制になっています。(B) は文の形になっていませんが、(They gave us) up to 15 percent on some products. と省略部分を補って考えれば、会話が成り立つので、正解になります。

正解 (B)

スクリプト Q: A:

Did they give us a discount?
(A) He won't give us anything.

(B) Up to 15 percent on some products.
(C) Yes, she told us about your discount store.

訳 彼らは私たちに値引きをしてくれましたか。
(A) 彼は私たちに何もくれないでしょう。
(B) 商品によって15%までです。
(C) はい、彼女は私たちにあなたの安売り店について話してくれました。

WORDS □ discount (名 値引き) □ up to ~ (~まで)

3.

解説 設問文は疑問詞 when が埋め込まれた間接疑問文で、when Mr. Wright will visit us の部分が、問われている内容です。未来のことを尋ねる設問文に対して、(A) は過去の内容を述べています。また、主語は A famous writer で、まったく関連がありません。(B) は、when に対して「今月中」と具体的な時を答えているので、正解です。(C) は、主語 she が誰を指すのかわかりません。

正解 (B)

スクリプト Q: A:

Do you know when Mr. Wright will visit us next time?
(A) A famous writer visited us this morning.
(B) Before the end of this month, I guess.
(C) No, she will be out all day today.

訳 次はいつ Wright さんが訪ねてくるか知っていますか。
(A) 今朝、ある著名な作家が私たちを訪れました。
(B) 今月中だと思います。
(C) いいえ、彼女は今日は1日中外出の予定です。

WORDS □ famous (形 著名な、有名な) □ all day (1日中)

COLUMN

質問文を考えてみるのも良い練習

Part 2 の選択肢について、どのような質問の答えになり得るか考えてみるのも良い練習です。たとえば、Yes, I'm studying marketing, too. が答えになる質問文を考えてみます。すると Are you studying marketing? や I am studying marketing. Are you? などの質問が考えられます。でも、Have you received their new marketing plan? の答えにはなりません。

Part 2のルールのまとめ > 77ページを参照

UNIT 06
依頼・許可・勧誘の定型表現を押さえよう

POINT

Part 2 では、could、would、can、will などの助動詞を使った、依頼や許可、勧誘の定型表現がよく出題されます。**応答についても定型表現が使われることが多いので、しっかり覚えておきましょう。**

音声を聞きながら、次の例題の解答の手順を確認しましょう（問題冊子にはスクリプトは印刷されていません）。

TRACK 21

スクリプト

Can you help me with this market research today?
(A) Yes, he was a researcher.
(B) Unfortunately, I have a meeting in the afternoon.
(C) Certainly. You can use my car.

訳 今日、この市場調査を手伝ってくれますか。
(A) はい、彼は研究者でした。
(B) 残念ながら午後は会議があります。
(C) もちろんです。私の車をお使いください。

ルール 32
依頼・許可の定型表現を覚える

ルール 33
依頼・許可は〈定型表現＋動詞〉を聞き取る

ルール 34
典型的な応答表現を押さえる

WORDS
- market research（名 市場調査）
- researcher（名 研究者）
- unfortunately（副 残念ながら）
- certainly（副 もちろん）

ルール 32 依頼・許可の定型表現を覚える

相手に何かを依頼する場合は you、何かをする許可を求める場合は I や we が主語になります。典型的な依頼・許可の表現を覚えておきましょう。

- Could you help me?（私を手伝ってくださいますか）
- May I borrow your phone?（お電話をお借りしてもいいですか）
- I was wondering if you could attend the meeting for me.
（私の代わりに会議に出ていただけないでしょうか）

ルール 33 依頼・許可は〈定型表現＋動詞〉を聞き取る

例題では、依頼・許可の表現に加えて、動詞 help まで聞き取ることができれば、「何かを手伝ってほしい」ということがわかります。

ルール 34 典型的な応答表現を押さえる

依頼や許可を求める設問文に対して Yes / No で答えることもありますが、決まり文句での応答が正解になることが多いので、典型的な応答表現をしっかりと押さえておきましょう。(B) は、Unfortunately の後に、「会議がある（ので手伝えない)」と応じられない理由を述べているので、正解。(C) は、動詞 use とその後の my car の部分が会話としてかみ合いません。

【依頼・許可に応じる表現】
OK、Certainly、Of course、Sure など。
【依頼を断る表現】
Unfortunately ～、I am sorry ～、I am afraid ～、I would like to, but ～など。

ルール 35 英語のつながった音に慣れる　その2

文頭の Could you は、「クジュ」のように短くつながって発音されます。強く読まれるところ（山）を意識して音読練習しましょう。

Could you look over this report?

UNIT 06

音声を聞きながら、次の例題の解答の手順を確認しましょう（問題冊子にはスクリプトは印刷されていません）。 TRACK 23

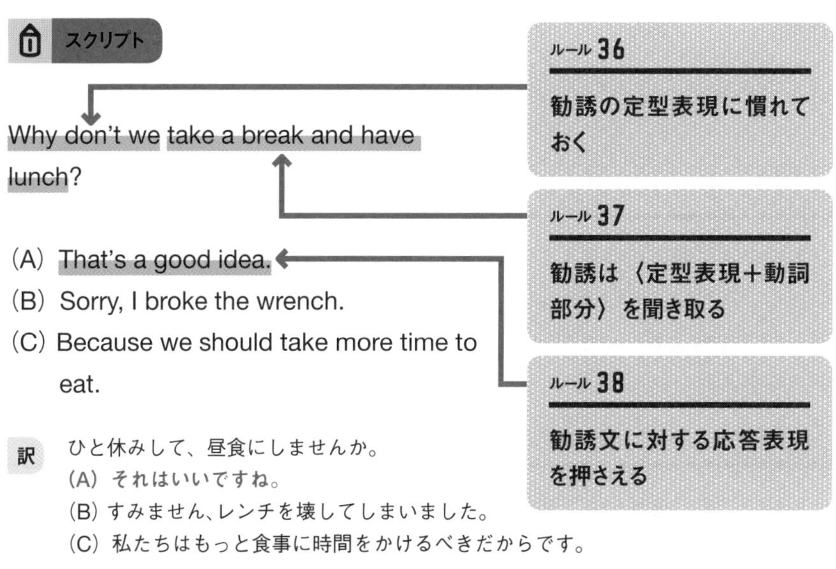

訳 ひと休みして、昼食にしませんか。
(A) それはいいですね。
(B) すみません、レンチを壊してしまいました。
(C) 私たちはもっと食事に時間をかけるべきだからです。

WORDS
- break（名 休み）
- wrench（名 レンチ）
- take more time to ～（～するのにもっと時間をかける）

ルール 36 勧誘の定型表現に慣れておく

勧誘に関しても定型表現が多く使われます。表現を聞いてすぐに勧誘であることがわかるように、しっかり覚えておきましょう。

- Why don't we ～？（～しませんか）
- Let's ～（～しましょう）
- Shall we ～？（～しましょうか）
- How about ～？/ What about ～？（～はいかがですか）

ルール 37 勧誘は〈定型表現＋動詞部分〉を聞き取る

勧誘の定型表現を押さえたら、直後の動詞部分まで聞き取れるように集中しましょう。例題は、take a break（休憩する）、have lunch（昼食を取る）と動詞部分が２つ含まれています。Why don't we ～？という勧誘表現と動詞部分が聞き取れれば、「昼食を取ろう」と誘っていることがわかります。

ルール 38 勧誘文に対する応答表現を押さえる

勧誘文に応じる場合も、定型表現が使われることが多いので、しっかり覚えておく必要があります。Why don't we ～？は why で始まっているため、(C) のように Because で始まる選択肢がひっかけとして出されることがありますので、気をつけましょう。

【応じる場合】
That's a good idea. / Sounds good.
【断る場合】
I'm sorry, but ～ / I'd love to, but ～

練習問題

音声を聞いて、次の問題に答えましょう。

1. Mark your answer on your answer sheet.

2. Mark your answer on your answer sheet.

3. Mark your answer on your answer sheet.

解答と解説

1.

解説 設問文は Could you ～？の形の依頼文です。(A) は、Sure という決まり文句の後、after the meeting を when we leave（帰るとき）と言い換えて応じていますので、これが正解です。(B) は they が誰を指すのかわかりません。(C) は lock と音の似た語 look を含みますが、take a look at the document（書類を見る）は、設問文と全く関連がありません。

正解 (A)

スクリプト Q: A:

Could you lock the room after the meeting?
(A) Sure, I'll lock it up when we leave.
(B) Yes, they will have a meeting regularly.
(C) OK, let's take a look at the document.

訳 会議の後で部屋に鍵をかけてくれますか。
(A) わかりました、帰るときに鍵をかけます。
(B) はい、彼らは定期的に会議をするでしょう。
(C) いいですよ、その書類を見てみましょう。

WORDS
- lock（他動 ～に鍵をかける）
- regularly（副 定期的に）
- take a look at ～（～を見てみる）

2.

解説 設問文は Can you ～？で始まる依頼文で、「後で車で迎えに来てくれますか」という内容です。(A) は OK と応じた後で、その後の段取りについて指示をしているので、これが正解。(B) は pick と似た音の単語 pickled が出てきますが、主語 he が誰のことか不明な上、意味的にもつじつまが合いません。(C) の No, thanks. は、「～しましょうか」という相手の申し出を断るときの表現です。さらに、I can walk there. は、「迎えに来てくれますか」という依頼に対する応答としては不適切です。

正解 (A)

スクリプト Q: A:

Can you pick me up later?

(A) OK. Give me a call when you are ready.
(B) Yes, he likes pickled vegetables.
(C) No, thanks. I can walk there.

訳 後で車で迎えに来てくれますか。
(A) はい。準備ができたら電話してください。
(B) はい、彼は野菜のピクルスが好きです。
(C) いいえ、結構です。歩いて行けます。

WORDS □ pick up（〔人〕を車で迎えに行く） □ pickled（形 ピクルスにした）

3.

解説 Let's go to ～（～に行きましょう）という誘いに対する応答として適切なのは、「他に予定があって行けない」と答えている（B）だけです。(A) は設問文の restaurant と tonight に似た語、rest と night が使われていますが、全く無関係な内容になっています。(C) は、he が誰を指すのか不明確な上、「イタリアに行ったことがある」は、設問文とかみ合いません。

正解 (B)

スクリプト Q: 🇨🇦 A: 🇬🇧

Let's go to that new Italian restaurant tonight.
(A) Yes, I had a good night's rest.
(B) Sorry, I've already made other plans.
(C) Yes, he's been to Italy twice.

訳 今晩、あの新しいイタリア料理店に行きましょう。
(A) はい、ぐっすり眠れました。
(B) すみません、もう他に予定があります。
(C) はい、彼は２度イタリアに行ったことがあります。

WORDS □ rest（名 休養、睡眠）

COLUMN

短くなる音に慣れておきましょう

Could you ～？「クジュ」や Can you ～？「キャニュ」や Would you ～？「ウジュー」などはつなげて発音されます。このように音がつながる文もリズムを意識して練習しておくと聞き取りが楽になってきます。強く読まれるところに合わせて読むと意外と口も速く回りますので、ぜひ挑戦してみてください。
例）Can you help me with this market research today?
Can you と help me がつながり with が this market research にくっつきます。

Part 2のルールのまとめ ＞ 77ページを参照

UNIT 07 いろいろな疑問文に慣れよう

POINT

Part 2 では、or を使った選択疑問文、Don't you ～ ? などの否定疑問文、文末に don't you? などがつく付加疑問文も出題されます。**難しく感じるかもしれませんが、コツがわかれば十分対応できる問題です。**

音声を聞きながら、次の例題の解答の手順を確認しましょう（問題冊子にはスクリプトは印刷されていません）。 TRACK 25

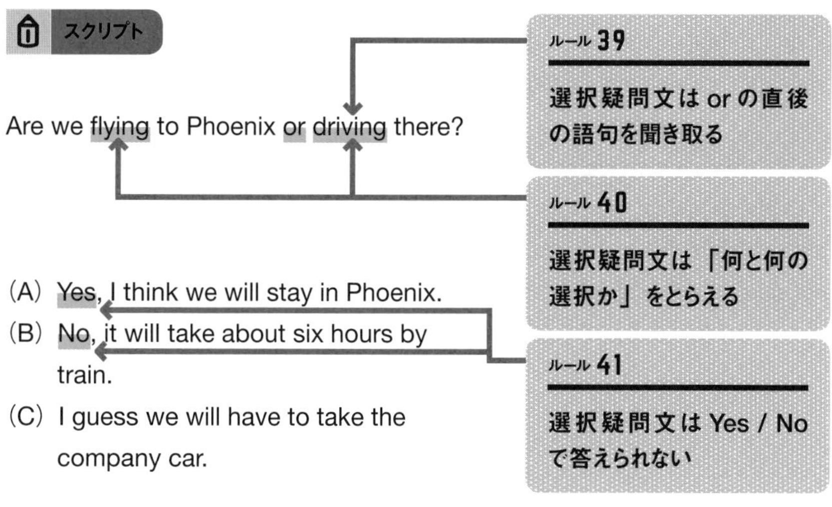

訳 Phoenix には飛行機で行きますか、それとも車で行きますか。
(A) はい、私たちは Phoenix に滞在すると思います。
(B) いいえ、電車では約 6 時間かかります。
(C) 会社の車で行かなければならないと思います。

WORDS □fly（自動 飛行機で行く） □drive（自動 車で行く、車を運転する）

ルール 39 選択疑問文は or の直後の語句を聞き取る

or を使った選択疑問文のイントネーションは、or の前までが上がり、or の後ろの部分が下がります。or の前までは普通の Yes / No 疑問文と同じように聞こえるので、or の直後に来る語句をしっかり聞き取りましょう。

ルール 40 選択疑問文は「何と何の選択か」をとらえる

「A か B のどちらか」と尋ねる選択疑問文の場合、「何と何の選択か」をしっかり押さえておくことが大切です。例題では、冒頭の Are we flying が聞き取れていれば、「飛行機で行くのか、車で行くのか」という選択になっていることがわかります。これに対し、(C) は take the company car（会社の車で行く）と後者を選んで答えているので、これが正解になります。

ルール 41 選択疑問文は Yes / No で答えられない

選択疑問文は Yes や No で答えることはできません。例題の場合、(A) は Yes、(B) は No を聞いた時点で消去できます。

ルール 42 変則的な答え方に注意する

選択疑問文では、A か B を選んで答えるのが基本ですが、I'll go there by train.（電車で行きます）や I haven't decided yet.（まだ決めていません）、I'm not sure.（わかりません）といった変則的な答え方もあります。設問文との意味的なつながりを考えて、自然な会話が成り立つものを選びましょう。

音声を聞きながら、次の例題の解答の手順を確認しましょう（問題冊子にはスクリプトは印刷されていません）。 TRACK 26

スクリプト

Their presentation was great, wasn't it?

(A) I think so, too.
(B) Yes, our team was great.
(C) I got this for my birthday present.

ルール 43
付加疑問文・否定疑問文も、主語と動詞が大切

ルール 44
付加疑問文・否定疑問文の答え方に慣れておく

訳 彼らのプレゼンはすばらしかったですよね。
(A) 私もそう思います。
(B) はい、私たちのチームはすばらしかったです。
(C) 私はこれを誕生日のプレゼントにもらいました。

WORDS □ presentation（名 プレゼン）

ルール 43 付加疑問文・否定疑問文も、主語と動詞が大切

付加疑問文や否定疑問文は複雑そうに聞こえますが、聞き取りのポイントは普通の Yes / No 疑問文と同じで、主語と動詞を含む最初の数語をしっかりと聞き取ることが大切です。例題では、Their presentation was great が聞き取れれば、設問文の内容がわかります。

ルール 44 付加疑問文・否定疑問文の答え方に慣れておく

付加疑問文・否定疑問文も、考え方は Yes / No 疑問文と同じです。下の例文は、いずれも「プレゼンがすばらしかったかどうか」を尋ねており、「すばらしかった」のなら Yes、「すばらしくなかった」のなら No で答えます。「はい」、「いいえ」という日本語訳にとらわれないで、great なら Yes, it was (great).、great でなければ No, it wasn't (great). となることを覚えておきましょう。例題の場合、(A) の I think so, too. は、「私もすばらしかったと思います」の意味になるので、これが正解です。

【Yes / No 疑問文】
Was their presentation great?（～はすばらしかったですか）
【付加疑問文】
Their presentation was great, wasn't it?（～はすばらしかったですよね）
【否定疑問文】
Wasn't their presentation great?（～はすばらしくなかったですか）

ルール 45 否定疑問文のリズムに慣れる

音読練習で否定疑問文のリズムに慣れておきましょう。答えの文では、否定語 isn't が強く読まれます。

Isn't she an accountant?
No, she isn't an accountant.

練習問題

音声を聞いて、次の問題に答えましょう。 

1. Mark your answer on your answer sheet.

2. Mark your answer on your answer sheet.

3. Mark your answer on your answer sheet.

解答と解説

1.

解説 設問文は or を使った選択疑問文です。「携帯を貸してくれるか、それとも公衆電話が近くにあるか」という選択なので、どちらかを答えている選択肢を探します。(A) は borrow を use で言い換えていますが、「電話を使っていい」と答えているので、これが正解になります。(B) は cell phone と sell phones が音のひっかけになっており、意味もまったくかみ合いません。(C) も paid と phone など、設問文と似た語を含んでいますが、設問文とは関連のない内容で、会話が成り立ちません。

正解 (A)

1 スクリプト *Q:* 🇬🇧 *A:* 🇺🇸

Can I borrow your cell phone or is there a pay phone around here?
(A) You can use my phone.
(B) Sorry, we don't sell phones.
(C) I haven't paid my phone bill.

訳 携帯電話を貸してくれますか、それともこのへんに公衆電話はありますか。
(A) 私の電話をお使いください。
(B) すみません、電話は売っておりません。
(C) まだ電話料金の支払いをしていません。

WORDS □ borrow (他動 ～を借りる) □ cell phone (名 携帯電話)
□ pay phone (名 公衆電話) □ bill (名 請求書)

2.

解説 「あの男性が有名な俳優かどうか」を尋ねる否定疑問文です。(A) は Yes / No で答えてはいませんが、Maybe を使って肯定し、続く「名前が思い出せない」も、つじつまの合う内容になっています。(B) は主語 they が設問文の主語 that man と一致せず、誰を指すのかわかりません。(C) の主語 it も何を指すのかわからないため、不正解です。このように、代名詞も重要な判断材料となります。

正解 (A)

スクリプト Q: A:

Isn't that man a famous Korean actor?
(A) Maybe, but I can't remember his name.
(B) Yes, they like Korean food.
(C) No, it isn't so famous.

訳 あの男性は韓国の有名な俳優ではありませんか。
(A) おそらくそうですが、名前を思い出せません。
(B) はい、彼らは韓国料理が好きです。
(C) いいえ、それはそんなに有名ではありません。

WORDS □ famous（形 有名な） □ remember（他動 ～を思い出す）

3.

解説 設問文は「海岸に通じる道かどうか」を尋ねる付加疑問文です。(A) は road から連想される単語 way が出てきますが、「はるかに、ずっと」という意味で使われており、意味的にも関連がありません。(B) は Yes と肯定した後で、「あと 5 分ぐらいかかります」と所要時間を付け加えているので、適切な応答です。(C) は「私は海岸へは行きません」の意味で、設問文に対する適切な応答ではありません。

正解 (B)

スクリプト Q: A:

This road goes to the beach, doesn't it?
(A) Oh, this speech is way too long.
(B) Yes, it will take about five more minutes.
(C) I'm not going to the beach.

訳 この道は海岸に通じますよね。
(A) ああ、このスピーチはあまりにも長すぎます。
(B) はい、あと 5 分ぐらいかかるでしょう。
(C) 私は海岸へは行きません。

WORDS □ way too ～（あまりにも～すぎる）

COLUMN

Part 2では自分が設問文を尋ねられているとイメージしましょう

たとえば、Are we flying to Phoenix or driving there? のような設問文が流れてきたとき、聞き手（あなた）はどこかに行くことになっているということがわかります。また、Their presentation was great, wasn't it? ではプレゼンをこの人（質問者）と一緒に聞いて相手は良いと思っていて、またそれに同意を求められているという状況です。自分が質問されていると考え状況を具体的にイメージすることはPart 2 の得点アップに役立ちます。

Part 2のルールのまとめ > 77ページを参照

PART 2 ルールリスト

UNIT 4～7で学習したルールをもう一度確認しましょう。Part 2では、設問文の最初の数語が聞き取れるように、しっかり集中することが大切です。自信のない項目については、しっかり復習しておきましょう。

UNIT 04 Wh- 疑問文は〈疑問詞＋主語＋動詞〉を聞き取る

□ ルール 17	疑問詞と主語をしっかり聞き取る	CHECK > 47ページ
□ ルール 18	疑問詞が求める情報を探す	CHECK > 47ページ
□ ルール 19	Wh- 疑問文にYes / Noでは答えられない	CHECK > 47ページ
□ ルール 20	設問文のリズムに慣れる	CHECK > 47ページ
□ ルール 21	〈疑問詞＋主語＋動詞〉まで聞き取る	CHECK > 49ページ
□ ルール 22	why → becauseという 応答パターンにとらわれない	CHECK > 49ページ
□ ルール 23	同じ語、似た単語を含む選択肢に注意する	CHECK > 49ページ

UNIT05 Yes / No 疑問文は、主語と動詞を聞き取る

ルール 24	設問文の主語と動詞を聞き取る	CHECK > 54ページ
ルール 25	選択肢の主語と動詞をチェックする	CHECK > 54ページ
ルール 26	時制に注意する	CHECK > 54ページ
ルール 27	Yes / No 疑問文の聞き取りのコツをつかむ	CHECK > 54ページ
ルール 28	間接疑問文は〈疑問詞＋主語＋動詞〉を聞き取る	CHECK > 56ページ
ルール 29	選択肢の主語に注意する	CHECK > 56ページ
ルール 30	設問文と同じ表現を含む選択肢は避ける	CHECK > 56ページ
ルール 31	疑問詞に対する具体的な情報を探す	CHECK > 56ページ

UNIT06 依頼・許可・勧誘の定型表現を押さえよう

ルール 32	依頼・許可の定型表現を覚える	CHECK > 62ページ
ルール 33	依頼・許可は〈定型表現＋動詞〉を聞き取る	CHECK > 62ページ
ルール 34	典型的な応答表現を押さえる	CHECK > 62ページ
ルール 35	英語のつながった音に慣れる　その2	CHECK > 62ページ
ルール 36	勧誘の定型表現に慣れておく	CHECK > 64ページ
ルール 37	勧誘は〈定型表現＋動詞部分〉を聞き取る	CHECK > 64ページ
ルール 38	勧誘文に対する応答表現を押さえる	CHECK > 64ページ

UNIT07 いろいろな疑問文に慣れよう

□ ルール 39	選択疑問文は or の直後の語句を聞き取る	CHECK > 70ページ
□ ルール 40	選択疑問文は「何と何の選択か」をとらえる	CHECK > 70ページ
□ ルール 41	選択疑問文は Yes / No で答えられない	CHECK > 70ページ
□ ルール 42	変則的な答え方に注意する	CHECK > 70ページ
□ ルール 43	付加疑問文・否定疑問文も、主語と動詞が大切	CHECK > 72ページ
□ ルール 44	付加疑問文・否定疑問文の答え方に慣れておく	CHECK > 72ページ
□ ルール 45	否定疑問文のリズムに慣れる	CHECK > 72ページ

SHORT CONVERSATIONS

PART 3
会話問題

UNIT 08 会話の「場所」、「話し手」、「聞き手」を推測しよう …… 82
UNIT 09 「話題」、「依頼・提案内容」を聞き取ろう …… 89
UNIT 10 会話の「詳細情報」を聞き取ろう …… 96
UNIT 11 解答の手順を考えよう …… 103
UNIT 12 3人の会話は状況を押さえよう …… 110
UNIT 13 資料付きの問題は、焦らず資料から内容を想像しよう …… 117
ルールリスト …… 127

UNIT 08

会話の「場所」、「話し手」、「聞き手」を推測しよう

POINT

Part 3では、会話の「場所」、「話し手」、「聞き手」について尋ねる設問がよく出題されます。**このような設問については、会話全体からヒントとなる関連語句や表現を聞き取り、推測します。**

次の例題で、実際の解き方を確認しましょう。ポイントを確認しながら設問を読みましょう。

1. Where does the conversation most likely take place?
(A) At a restaurant
(B) At an office
(C) At a grocery store
(D) At an airport

2. Who most likely is the man?
(A) The manager of a restaurant
(B) A flight attendant
(C) The woman's coworker
(D) A cashier

ルール 46

設問を先読みし、「何が問われているか」をとらえる

ルール 47

「場所」、「話し手」、「聞き手」は会話全体から推測する

次に、設問の答えを探しながら、音声を聞きましょう（問題冊子にはスクリプトは印刷されていません）。

TRACK 29

スクリプト

Questions 1 through 2 refer to the following conversation.

M: Did you hear Mr. Shaw was transferred to the Mumbai office and is leaving town next week? He told me when I met him this morning.

W: Yes, I did, but I didn't know he is leaving so soon. I would like to have dinner with him before he leaves. What do you think?

M: I was thinking the same thing. How about taking him to Pearl Avenue Grill? The food there is very good.

W: That's a good idea, but let's ask what Mr. Shaw and the others in the office would like to do.

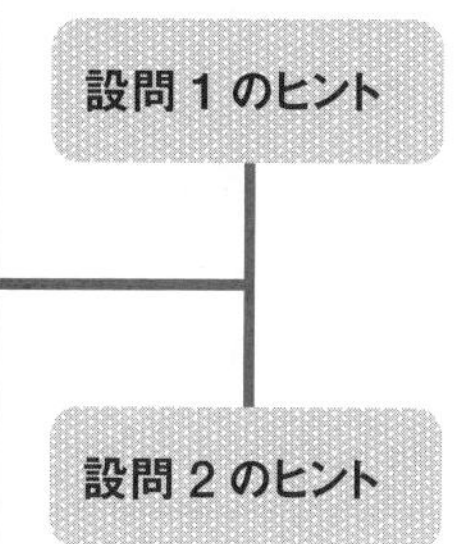

ルール46 設問を先読みし、「何が問われているか」をとらえる

Part 3 では、比較的長い会話文に関する設問に答えなくてはなりません。会話文を聞いてから設問を読むのでは、会話の内容を忘れてしまうので、まず設問に目を通し、聞き取るべき内容を絞り込んでから会話を聞くことが大切です。例題の設問1では会話の「場所」が、設問2では「男性は誰か」が、それぞれ問われています。

ルール47 「場所」、「話し手」、「聞き手」は会話全体から推測する

「場所」、「話し手」、「聞き手」に関しては、会話の中から解答のヒントとなる語句や表現を聞き取り、会話全体から推測します。例題では、男性の最初の発言に transferred to the Mumbai office、女性の最後の発言に let's ask ... the others in the office とあり、オフィスでの同僚同士の会話であると推測できます。

ルール48 よく出る設問文のパターンを押さえる

Part 3 で出題されることの多い、「場所」、「話し手」、「聞き手」を問う典型的な設問文のパターンをしっかり頭に入れて、「何が問われているか」をすぐにキャッチできるようにしておきましょう。設問文に likely や probably が入っている場合は、関連語句から推測する問題になります。

【場所を尋ねる設問】

- ☐ Where (most likely) are the speakers?
- ☐ Where do the speakers (most likely / probably) work?
- ☐ Where does the woman (most likely) work?

【話し手・聞き手を尋ねる設問】

- ☐ Who most likely is the woman?
- ☐ Who most likely are the speakers?

訳 問題1～2は次の会話に関するものです。

M：Shaw さんがムンバイ事務所に転勤になって、来週出発するって聞いたかい。今朝会ったときに彼が言ってたんだ。

W：ええ、でもそんなにすぐ発つなんて知らなかったわ。彼が出発する前に、一緒に夕食でもしたいわね。あなたはどう思う。

M：ぼくも同じことを考えていたんだ。Pearl Avenue Grill はどうかな。食べ物がとてもおいしいんだよ。

W：いいわね。でも、Shaw さんや事務所の他の人たちにもどうしたいか聞いてみましょう。

1. この会話はどこで行われていると考えられますか。
   (A) レストラン
   (B) 事務所
   (C) 食料品店
   (D) 空港

2. 男性は誰だと考えられますか。
   (A) レストランの経営者
   (B) 客室乗務員
   (C) 女性の同僚
   (D) レジ係

WORDS
- conversation（名 会話）
- grocery store（名 食料品店）
- flight attendant（名 客室乗務員）
- coworker（= colleague 名 同僚）

練習問題

音声を聞いて、次の問題に答えましょう。 

1. Where does the conversation most likely take place?

(A) At a furniture store
(B) At a movie theater
(C) In a classroom
(D) In an office

2. Who most likely is the woman?

(A) A software specialist
(B) A coworker of the man
(C) A courier
(D) A shop clerk

3. What does the woman want the man to do?

(A) Make some photocopies
(B) Give a presentation with her
(C) Help her make some materials
(D) Clear the tables

解答と解説

1.

解説 「場所」を問う設問。場所についての具体的な言及はありません。会話の中から document、meeting、presentation、meeting room など、office に関連する語句が聞き取れれば、正解は（D）In an office と推測できます。

正解 （D）

2.

解説 「女性が誰か」を尋ねる設問。女性の職業・役職についての直接的な言及はありません。男性と一緒に仕事をしている状況や、男性に「仕事を手伝ってほしい」と頼んでいることから、男性の同僚と推測できます。

正解 （B）

3.

解説 「女性が男性にしてほしいこと」が問われていますので、女性の発言から、依頼・要望を表す語句を探しましょう。女性の2番目の発言に can you help me put together a presentation file?（プレゼン用のファイルをまとめるのを手伝ってくれませんか）と依頼の表現があるので、この部分の presentation file を material で言い換えた（C）が正解です。

正解 （C）

スクリプト *W:* *M:*

Questions 1 through 3 refer to the following conversation.

W: John, do you have time to help me today? I am preparing documents to hand out at tomorrow's board meeting.

M: I am working on the tables that you need for the documents. What do you want me to do?

W: Sorry, I forgot about that. When you finish making the tables, can you help me put together a presentation file? I am planning to show it on the screen using the projector in the meeting room.

M: Sure. I will help you when I finish.

訳 問題1～3は次の会話に関するものです。

W：John、今日手伝ってくれる時間はあるかしら。明日の役員会で配る資料を作っているんだけど。

M：今、その資料に必要な表を作っているところだけど。何をしたらいいんだい。

W：ごめんなさい、そうだったわね。表を作り終えたら、プレゼン用のファイルをまとめるのを手伝ってくれるかしら。会議室のプロジェクターを使って、それをスクリーンで見せる予定なの。
M：わかった。終わったら手伝うよ。

1. この会話はどこで行われていると考えられますか。
(A) 家具屋
(B) 映画館
(C) 教室
(D) 事務所

2. 女性は誰だと考えられますか。
(A) ソフトウエアの専門家
(B) 男性の同僚
(C) 宅配便業者
(D) 店員

3. 女性は男性に何をしてほしいと思っていますか。
(A) コピーを取る
(B) 一緒にプレゼンを行う
(C) 資料を作るのを手伝う
(D) テーブルの上を片づける

WORDS □ prepare（他動 ～を準備する） □ table（名 表） □ put together ～（～をまとめる）

Part 3のルールのまとめ > 127ページを参照

UNIT 09

「話題」、「依頼・提案内容」を聞き取ろう

POINT

Part 3では「話題」や「依頼・提案内容」を問う設問もよく出題されます。「話題」は、繰り返される関連語句を聞き取り、会話全体から推測します。「依頼・提案内容」については、会話の後半に集中しましょう。

次の例題で、実際の解き方を確認しましょう。まず、ポイントを確認しながら設問を読みましょう。

1. What are the speakers discussing?
(A) A computer
(B) A projector
(C) A conference
(D) An office

ルール 49
「話題」は、会話全体から関連語句を聞き取る

2. What does the woman ask the man to do?
(A) Show the proposal using the projector
(B) Buy a new computer for the woman
(C) Have his client repair the projector
(D) Contact an IT technician

ルール 50
「依頼・提案内容」は、会話の後半に注意する

次に、設問の答えを探しながら、音声を聞きましょう（問題冊子にはスクリプトは印刷されていません）。 TRACK 31

スクリプト

Questions 1 through 2 refer to the following conversation.

M: Someone told me a new projector has been installed in the conference room. Have you used it?

W: Yes. The picture quality is excellent, but the fan is too noisy. I think there is something wrong with it, and it should be repaired or replaced.

M: That's too bad. I was thinking of using the projector to show my clients the marketing plan this afternoon.

W: I think you should show the proposal on your computer screen today. Anyway, could you call someone from technical support about the problem?

設問 1 のヒント

設問 2 のヒント

ルール49 「話題」は、会話全体から関連語句を聞き取る

Part 3では、「話題」についてもよく問われます。会話の中で繰り返される関連語句をできるだけ多く聞き取りましょう。また、「話題」を問う典型的な設問文のパターンについても押さえておきましょう。例題では、会話の中で繰り返されるprojectorが聞き取れれば、(B)が正解であることがわかります。

【話題を問う設問】

- □ What are the speakers mainly discussing?
- □ What are the speakers talking about?
- □ What is the conversation mostly about?
- □ What is the topic of the conversation?

ルール50 「依頼・提案内容」は、会話の後半に注意する

設問2は女性から男性への「依頼内容」を尋ねています。Part 3の3問目では、「依頼・提案内容」の他、「今後の行動」についてもよく問われますので、典型的な設問文のパターンをおぼえておきましょう。解答のヒントは多くの場合、会話の後半部分で語られます。

設問2では、設問文の主語がthe womanなので、女性の発言中に依頼の表現を探します。女性の最後の発言にcould you call someone from technical support about the problem?とあるので、(D)が正解とわかります。

【依頼内容を問う設問】

- □ What does the man request / want the woman to do?

【提案内容を問う設問】

- □ What does the man recommend (that) the woman do?
- □ What does the woman suggest (that) the man do?

※通常、thatは省略されています。

【今後の行動を問う設問】

- □ What will the man (probably) / (most likely) do next?
- □ What does the woman say she will do?

訳 問題1～2は次の会話に関するものです。

M：会議室に新しいプロジェクターが設置されたと誰かが言っていました。もう使いましたか。

W：ええ。画像はすばらしいのですが、ファンがあまりにもうるさいんです。何か問題があるのではないかと思うので、修理か交換をしてもらうべきです。

M：それは残念です。今日の午後、顧客にマーケティング計画を見せるのに、そのプロジェクターを使おうと思っていたんですよ。

W：今日はあなたのコンピュータの画面で提案書を見せる方がいいと思います。いずれにしても、その問題についてテクニカルサポートの人に電話してくれますか。

1. 2人は何について話していますか。
   (A) コンピュータ
   (B) プロジェクター
   (C) 会議
   (D) 事務所

2. 女性は男性に何をするよう頼んでいますか。
   (A) プロジェクターを使って提案書を見せる
   (B) 新しいコンピュータを女性のために買う
   (C) 顧客にそのプロジェクターを修理してもらう
   (D) IT技術者に連絡する

WORDS □ conference（名 会議） □ proposal（名 提案、提案書） □ install（動 ～を設置する）
□ quality（名 質）

練習問題

音声を聞いて、次の問題に答えましょう。

1. What are the speakers talking about?
(A) Company policies
(B) Company logos
(C) A new contract
(D) Their children

2. What does the company intend to do?
(A) Boost the sales of beverages
(B) Make a sales promotional song
(C) Make products more appealing to children
(D) Develop an efficient distribution system

3 What will happen today?
(A) Design companies will make presentations.
(B) Board members will come up with a new sales plan.
(C) The company will launch a new product.
(D) The man will research the frozen food market.

解答と解説

1.

解説 「話題」を問う設問です。最初に、女性がデザイン会社にロゴを作ってもらったことを話し、次に、男性がロゴに関する感想を述べています。ロゴに関連した派生的な内容も出てきますが、全体的には（B）のロゴが話題の中心になっています。

正解 (B)

2.

解説 「会社がしようと思っていること」が問われています。女性の2回目の発言に we are trying to make our packages more appealing to children とあり、（C）が正解と判断できます。（A）、（B）、（D）に関する言及はありません。

正解 (C)

3.

解説 「今後起こること」が問われていますので、未来時制で述べられる内容に注意します。女性の2回目の発言に Design companies will be making their presentations とあり、（A）が正解とわかります。他の選択肢に関しては言及がありません。

正解 (A)

スクリプト *W:* 🇨🇦 *M:* 🇬🇧

Questions 1 through 3 refer to the following conversation.

W: We had several design companies make logos that we might use at the upcoming sales promotion event. Have you seen them?

M: Yes. I think some of them look too childish, though. One had a rabbit on top of our company name. Why do we need a logo like that?

W: The logos will be used for our frozen food products for children. With the logos, we are trying to make our packages more appealing to children. Design companies will be making their presentations at the board meeting today and the final decision will be made then.

M: I see. The idea is to improve our sales by changing the package designs. I hope it will work.

訳 問題1～3は次の会話に関するものです。

W：デザイン会社数社に、今度の販促イベントで使うかもしれないロゴを作ってもらったのよ。

それらをもう見たかしら。

M：ああ。でも、その中には、あまりにも子どもっぽく見えるものがあると思うよ。社名の上にウサギがいるんだ。なぜあのようなロゴが必要なんだい。

W：ロゴは子ども向けの冷凍食品製品に使われるの。ロゴを使って、子どもにとってもっと魅力的なパッケージにしようとしているのよ。今日の役員会でデザイン会社がプレゼンして、その時に最終決定が下されることになっているの。

M：なるほど。パッケージのデザインを変えて、売り上げを伸ばそうとしているんだね。うまくいくといいね。

1. 2人は何について話していますか。
   (A) 会社の方針
   (B) 会社のロゴ
   (C) 新しい契約
   (D) 彼らの子ども

2. 会社は何をしようとしていますか。
   (A) 飲み物の売り上げを伸ばす
   (B) 販促用の歌を作る
   (C) 製品を子どもにより魅力的なものにする
   (D) 効率的な配送システムを開発する

3. 今日は何が起こりますか。
   (A) デザイン会社がプレゼンを行う。
   (B) 役員が新しい販売計画を作成する。
   (C) 会社が新しい製品を売り出す。
   (D) 男性が冷凍食品市場の調査をする。

WORDS □ policy（名 方針） □ logo（名 ロゴ） □ upcoming（形 次の）
□ board meeting（名 役員会）

COLUMN

事務所まわりの英語表現に慣れておきましょう

機器編：notebook (computer)「ノートパソコン」、lap top (computer)「ノートパソコン」、projector「プロジェクター」

書類編：invoice「請求書」、proposal「提案（書）」、report「報告（書）」、itinerary「旅程」、agenda「協議事項、議題、予定表」、draft「草稿、下書き」、final draft「確定案、最終稿」、contract「契約（書）」、agreement「契約（書）」

組織編：committee「委員会」、auditor「監査役」、accountant「会計士」、executive「重役」、board「役員会」、assembly「集会、会議」

Part 3のルールのまとめ > 127ページを参照

UNIT 10
会話の「詳細情報」を聞き取ろう

POINT

Part 3では、会話で話される細かい情報について尋ねる設問も出題されます。「詳細情報」は言及される箇所が限定されるので、キーワードを手がかりに、しっかり狙って聞き取りましょう。

次の例題で、実際の解き方を確認しましょう。まず、ポイントを確認しながら設問を読みましょう。

1. When did the man call the hotel?
(A) Last week
(B) This morning
(C) Yesterday
(D) Two days ago

2. How long does the man want to stay?
(A) For one night
(B) For two nights
(C) For three nights
(D) For four nights

ルール 51
設問文から、聞き取りのキーワードをつかむ

ルール 52
「詳細情報」はキーワードを手がかりに聞き取る

次に、設問の答えを探しながら、音声を聞きましょう（問題冊子にはスクリプトは印刷されていません）。 TRACK 33

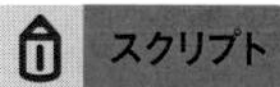

Questions 1 through 2 refer to the following conversation.

M: Good evening. My name is Sam Tanaka. I reserved a single room for tonight.

W: Good evening, Mr. Tanaka. May I have your credit card please? And could you please fill out this form?

M: Here's my credit card. I called yesterday and made a reservation for a single room for just one night, but I would like to stay two more nights. Is that possible?

W: Let me check on the computer. Actually, we have plenty of rooms available, so there should be no trouble changing your reservation to three nights.

設問 1 のヒント

設問 2 のヒント

ルール 51 設問文から、聞き取りのキーワードをつかむ

Part 3 では、会話の中で述べられる細かい情報について尋ねる設問が出題されます。このような「詳細情報」に関しては、設問をしっかりと読み、キーワードをチェックしておくことが大切です。

例題の設問 1 は、「男性がホテルに電話したとき」を尋ねています。聞き取りのキーワードは、疑問詞 When と call the hotel になります。また、設問 2 は、「男性が滞在したいと考えている期間」を尋ねています。聞き取りのキーワードは、疑問詞 How long と want to stay です。

ルール 52 「詳細情報」はキーワードを手がかりに聞き取る

「詳細情報」については、会話の中で具体的に答えが述べられますが、一度しか言及されないことが多いので、注意が必要です。設問文でチェックした聞き取りのキーワードを手がかりに、言及部分を狙って聞き取りましょう。

例題では、男性の 2 回目の発言に I called yesterday とあるので、設問 1 は (C) が正解とわかります。また、続けて made a reservation for a single room for just one night, but I would like to stay two more nights と述べられています。「1 泊の予約をしたが、あと 2 泊できるか」と尋ねていますので、男性は 3 泊したいと思っていることがわかります。また、女性の最後の発言で changing your reservation to three nights と繰り返されているので、ここからも (C) が正解とわかります。

訳 問題 1 ～ 2 は次の会話に関するものです。

M：こんばんは。私の名前は Sam Tanaka です。シングルルームを今晩予約しています。

W：いらっしゃいませ、Tanaka 様。クレジットカードをお願いできますか。それから、こちらの書類にご記入いただけますか。

M：はい、クレジットカードです。昨日電話してシングルルームを 1 晩だけ予約したのですが、あともう 2 晩滞在したいのです。それは可能ですか。

W：コンピュータでお調べします。実際のところ空室はたくさんございますので、ご予約を 3 泊に変更していただいても何ら問題ないはずです。

1. 男性はいつホテルに電話をしましたか。
   (A) 先週
   (B) 今朝
   (C) 昨日
   (D) 2 日前

2. 男性はどれくらいの期間滞在したいと思っていますか。
   (A) 1 泊
   (B) 2 泊
   (C) 3 泊
   (D) 4 泊

WORDS □ reserve (他動 ～を予約する) □ fill out ～ (～に記入する) □ reservation (名 予約) □ available (形 利用できる)

練習問題

音声を聞いて、次の問題に答えましょう。

1. Who is the man?

(A) A software specialist
(B) A corporate accountant
(C) A telephone operator
(D) A bank clerk

2. What are the speakers talking about?

(A) A bank loan
(B) Traveling
(C) Currency exchange
(D) A customer complaint

3. How long does the man say the transaction will take?

(A) Fifteen minutes
(B) Thirty minutes
(C) Forty minutes
(D) One hour

解答と解説

1.

解説 「男性は誰か」が問われています。冒頭で「Pueblo 銀行の顧客サービス担当」と述べられていることから、(D) が正解とわかります。また、銀行の業務に関する exchange major foreign currencies や、女性の発言中の your bank からも、銀行員であることが推測できます。

正解 (D)

2.

解説 「話題」を問う設問。冒頭部分から銀行に関する会話であることがわかります。また、会話中に exchange（～を両替する）という語が 2 回、他にも dollars や yen などの通貨を表す語が出てくることから、(C) の通貨の両替について話していると推測できます。

正解 (C)

3.

解説 「詳細情報」を尋ねる設問。設問文の主語 the man から、男性の発言に注意し、時間を表す語句を待ちます。男性の 2 回目の発言に It usually takes about thirty minutes とあるので、(B) が正解です。

正解 (B)

スクリプト *M:* *W:*

Questions 1 through 3 refer to the following conversation.

M: Good morning. This is Pueblo Bank Customer Service, Andrew Chung speaking. How may I help you today?

W: I would like to exchange some yen into U.S. dollars. Can I do that at your bank?

M: Yes, we exchange major foreign currencies, but please make sure to come before 4:15 P.M. It usually takes about thirty minutes to process the transaction.

W: Thank you. I will come within the next hour.

訳 問題 1 ～ 3 は次の会話に関するものです。

M：おはようございます。こちらは Pueblo 銀行の顧客サービス担当 Andrew Chung です。本日はいかがいたしましょうか。

W：円を米ドルに両替したいのです。そちらの銀行でできますか。

M：はい。当行では主要な外国通貨の両替を行っておりますが、午後 4 時 15 分までに必ずお越しください。通常、処理に 30 分ほどかかりますので。

W：ありがとう。1 時間以内に伺うつもりです。

UNIT 10

1. 男性は誰ですか。
   (A) ソフトウエアの専門家
   (B) 法人会計士
   (C) 電話交換手
   (D) 銀行員

2. 2人は何について話していますか。
   (A) 銀行ローン
   (B) 旅行
   (C) 通貨の両替
   (D) 顧客の不満

3. 男性は処理にどのくらい時間がかかると言っていますか。
   (A) 15分
   (B) 30分
   (C) 40分
   (D) 1時間

WORDS
- telephone operator (名 電話交換手)
- currency (名 通貨)
- exchange (名 両替、交換 他動 ~を両替する、交換する)
- complaint (名 不平)
- customer service (名 顧客サービス)

Part 3のルールのまとめ > 127ページを参照

UNIT 11
解答の手順を考えよう

POINT

Part 3 で出題される典型的な設問のパターンを押さえたら、効率のよい解答の手順について考えましょう。**まず設問を先読みします。設問のポイントを押さえたら、詳細を問う設問から解答しましょう。**

次の例題で、実際の解き方を確認しましょう。まず、ポイントを確認しながら設問を読みましょう。

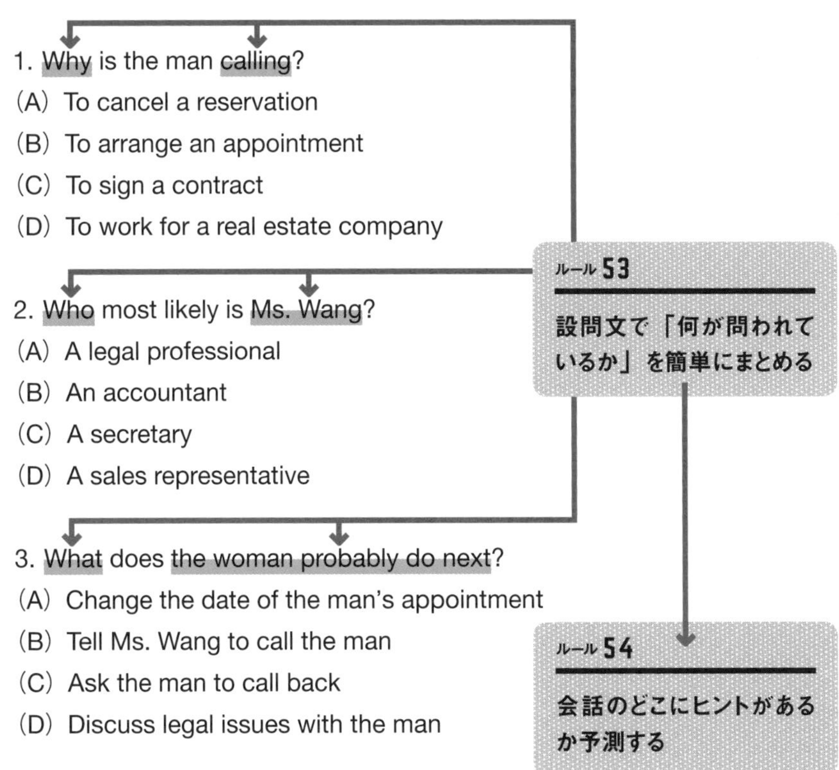

1. Why is the man calling?
(A) To cancel a reservation
(B) To arrange an appointment
(C) To sign a contract
(D) To work for a real estate company

2. Who most likely is Ms. Wang?
(A) A legal professional
(B) An accountant
(C) A secretary
(D) A sales representative

3. What does the woman probably do next?
(A) Change the date of the man's appointment
(B) Tell Ms. Wang to call the man
(C) Ask the man to call back
(D) Discuss legal issues with the man

次に、設問の答えを探しながら、音声を聞きましょう（問題冊子にはスクリプトは印刷されていません）。 TRACK 35

スクリプト

Questions 1 through 3 refer to the following conversation.

ルール 55

必要な情報を探しながら会話を聞く

M: Hi, this is Tom Dickerson. Can I make an appointment with Ms. Wang tomorrow? I would like to consult her about our agreement with a real estate company.

W: She is busy all day tomorrow. How about 9 A.M. the day after tomorrow?

M: Thanks, that would be suitable. Could you also tell her to call me sometime today? I have some questions regarding contract laws.

W: Certainly, Mr. Dickerson. I will tell Ms. Wang right away to call you back.

設問 1 のヒント

設問 2 のヒント

設問 3 のヒント

ルール53 設問文で「何が問われているか」を簡単にまとめる

設問1は「男性が電話をかけている理由」を尋ねていますが、簡単にまとめれば、「用件」を問う問題と言えます。また、設問2の「Ms. Wang は誰か」は、「職業」を問う問題、設問3の「女性が次にすること」は、「次の行動」を問う問題とまとめることができます。設問の先読みをする時間が足りなければ、疑問詞だけでもチェックしておきましょう。

ルール54 会話のどこにヒントがあるか予測する

ビジネスの電話では、「用件・目的」については冒頭部分で述べられることが多いので、設問1は冒頭部分を狙って聞きます。設問2は Wang さんの職業ですが、冒頭にヒントがなければ会話全体から聞き取ることになるので、最後に回します。設問3は「今後の行動」なので、最後の部分を狙って聞きます。したがって、設問1→設問3→設問2の順に取り組むとスムーズに解答できます。

ルール55 必要な情報を探しながら会話を聞く

設問1は冒頭部分を狙って聞きます。冒頭で男性は Can I make an appointment with Ms. Wang tomorrow? と電話の用件を述べているので、(B) が正解とわかります。

設問2については、ヒントとなる語句を会話全体から拾いながら聞きます。男性の最初の発言に consult her about our agreement とあり、さらに男性の2回目の発言に I have some questions regarding contract laws. とあるので、Wang さんは（A）の legal professional であると推測できます。

設問3については、後半部分を狙って聞きます。女性が最後に I will tell Ms. Wang right away to call you back. と発言している部分が聞き取れれば、正解は（B）とわかります。

訳 問題1～3は次の会話に関するものです。

M：もしもし、Tom Dickerson です。明日 Wang さんとお会いするお約束ができるでしょうか。不動産会社との契約について相談したいのです。

W：彼女は明日は1日中忙しいのです。明後日の午前9時ではいかがですか。

M：ありがとう、それなら都合がいいです。それから今日中に私に電話をくださるよう彼女に伝えていただけますか。契約法について伺いたいことがありますので。

W：承知しました、Dickerson 様。お電話を差し上げるよう、すぐに Wang にお伝えします。

1. 男性はなぜ電話をかけているのですか。
   (A) 予約をキャンセルするため
   (B) 会う約束をするため
   (C) 契約書に署名するため
   (D) 不動産会社で働くため

2. Wang さんは誰だと思われますか。
   (A) 法律の専門家
   (B) 会計士
   (C) 秘書
   (D) 営業担当者

3. 女性は次に何をすると思われますか。
   (A) 男性の約束の日程を変更する
   (B) 男性に電話するように Wang さんに言う
   (C) 男性に電話をかけ直すように頼む
   (D) 男性と法律問題について話し合う

WORDS
□ cancel（他動 ～をキャンセルする） □ reservation（名 予約）
□ appointment（名 約束、予約） □ contract（名 契約） □ real estate（名 不動産）
□ professional（名 専門家） □ accountant（名 会計士）
□ sales representative（名 営業担当者） □ consult（他動 ～に助言を求める）
□ agreement（名 契約、協定） □ regarding（前 ～について）

練習問題

音声を聞いて、次の問題に答えましょう。 

1. What are the speakers discussing?
(A) Business trips
(B) A new project
(C) Materials for a meeting
(D) Tomorrow's meeting

2. What will happen if all the members attend the meeting?
(A) They will come up with some new ideas.
(B) They will reserve a smaller room.
(C) They will select a person responsible for the project.
(D) They will reschedule business trips.

3. What will the woman probably do next?
(A) Go on a business trip
(B) Ask her coworkers to cancel the meeting
(C) Assign the man a new task
(D) Confirm who can attend the meeting

解答と解説

1.

解説 「話題」については、会話に何度も出てくる関連語句を拾います。ここでは、冒頭の our meeting tomorrow や attend the meeting から、(D) の Tomorrow's meeting が正解とわかります。同僚の business trips がキャンセルになったことについて触れられてはいますが、会話全体の話題ではないので、(A) は誤り。(B)、(C) に関しては言及がありません。

正解 (D)

2.

解説 「詳細情報」を問う設問。if all the members attend という条件をキーワードに聞くと、男性の最初の発言にキーワードがあり、その後に decide who will be in charge of our office energy saving project とあるので、(C) が正解。

正解 (C)

3.

解説 女性の「次の行動」を尋ねています。最後に男性が you should check with the other members と助言していることから、(D) が正解とわかります。

正解 (D)

スクリプト *W:* 🇦🇺 *M:* 🇬🇧

Questions 1 through 3 refer to the following conversation.

W: I reserved Room 203 at 5:30 for two hours for our meeting tomorrow. Do you think it will take longer than that?

M: Well, I am not sure, but if all the members attend, we are going to decide who will be in charge of our office energy saving project. That might take longer than two hours.

W: True, but I heard several members cannot attend the meeting because they will be out of town.

M: I just talked with Ann and Kevin and they told me their business trips have been cancelled, so I think you should check with the other members, too.

訳 問題1～3は次の会話に関するものです。

W：明日の会議のために203号室を5時半から2時間予約しておいたわ。会議はそれよりも長くかかると思う？

M：さあ、よくわからないけど、もし全員が出席したら、誰が省エネプロジェクトの責任者になるかを決めることになるよね。その場合、2時間以上かかるかもしれないね。
W：そうね、でも、数人のメンバーから、出張のため出席できないと聞いているわ。
M：たった今、Ann と Kevin と話したんだけど、出張はキャンセルになったと言ってたから、他のメンバーにも確認した方がいいよ。

1. 話し手たちは何について話していますか。
(A) 出張
(B) 新しいプロジェクト
(C) 会議の資料
(D) 明日の会議

2. 会議に全員が出席した場合には、何が起こりますか。
(A) 新しいアイデアを出す。
(B) もっと小さな部屋を予約する。
(C) プロジェクトの責任者を選出する。
(D) 出張の日程を変更する。

3. 女性は次に何をすると思われますか。
(A) 出張に行く
(B) 同僚に会議をキャンセルするように頼む
(C) 男性に新しい仕事を割り当てる
(D) 誰が会議に出席できるのか確認する

WORDS □ material（名 資料） □ decide（他動 ～を決定する） □ in charge of～（～を担当して） □ energy saving（名 省エネ）

COLUMN

設問の先読み

Part 3 や 4 では 3 つの設問が問題用紙に書いてあり、それらを読んでからリスニングをするのが通常のやり方です。ですが、中には設問を先に読んでからリスニングをするのは苦手と思われる方もいることでしょう。そのような方にお勧めしたいのが、設問中の疑問詞やキーワードだけを見てリスニングをする方法です。Why is the man calling? では calling（電話をかけている）ことがわかります。Who most likely is Ms. Wang? では Ms. Wang（人物名）に注目するとよいです。

Part 3のルールのまとめ > 127ページを参照

UNIT 12
3人の会話は状況を押さえよう

POINT

Part 3では、3人で行われる会話も出題されます。3人で行われる会話で特に重要なことは場面や状況を把握することと、誰が何を言っているかという点です。設問に名前の出てくる人には特に注意が必要です。

次の例題で、実際の解き方を確認しましょう。まず、ポイントを確認しながら設問を読みましょう。

1. Where is the conversation most likely taking place?
(A) At a restaurant
(B) At a market
(C) At an office
(D) At a trade show

ルール 56
場所を尋ねる問題は状況を把握する

2. What does the woman mean, when she says "Good for her!"?
(A) She is disappointed with the data the colleague sent.
(B) The colleague is wrong about the results.
(C) The colleagues have been transferred to a new branch.
(D) She is happy about her colleague's promotion.

ルール 57
表現の意味は流れからも推測できる

ルール 58
名前が出てきたら、どれが誰かを意識して聞く

3. According to John, how does May feel

about her new position?
(A) She is excited.
(B) She is well.
(C) She is tired.
(D) She is disappointed.

次に、設問の答えを探しながら、音声を聞きましょう（問題冊子にはスクリプトは印刷されていません）。 TRACK 37

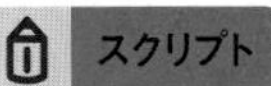

Questions 1 through 3 refer to the following conversation with three speakers.

設問 1 のヒント → presentation / board meeting

M1: Have you finished the presentation you are giving at the board meeting?
W: Not yet. Ann is collecting the latest sales figures, but we are still waiting for data from our eastern area.
M1: Well ... I guess they need some more time. A new branch head has just been transferred there recently. John, do you know who it is?
M2: May Grace. Actually, she's only been there for two weeks. She seems to be really excited about her new position.
W: Good for her! I have known May for a long time. I worked with her in the sales section for a couple of years.
M2: Why don't you write her an email? I am sure she would love to hear from you.
W: Good idea. I will write her one later today.

設問 3 のヒント → John, do you know who it is? / She seems to be really excited about her new position.

設問 2 のヒント → Good for her!

ルール 56 場所を尋ねる問題は状況を把握する

設問 1 では場所を尋ねています。場所を尋ねる問題では選択肢も見ておくことがとても重要です。通常、はっきりとどこか述べることはまずありませんが、会話に出てくるキーワードからどこか判断することできます。Who most likely are the speakers? のように話し手が誰かを尋ねる問題も同様です。

ルール 57 表現の意味は流れからも推測できる

Good for her! は直訳すると「彼女にとって良いこと」のような意味で、「よくやった」などのように賛辞を表現する言葉です。会話でよく出てくる表現ですが、慣れていないとピンとこないこともあるかもしれません。そのような場合は全体の流れから良いことか悪いことかを推測して解答するとよいです。Part 3 ではこのように表現や単語の意味を問う問題も出題されますが、必要以上に悩まず、答えられる問題にしっかり答えることが大切です。

ルール 58 名前が出てきたら、どれが誰かを意識して聞く

3 人の会話の場合は、男性か女性のどちらかが 2 人いるので、the man や the woman だけでなく名前も設問に出てくることがあります。基本的には、誰かが名前を呼んでそれに対する返答をするという形で名前が特定できます。今回の設問では、According to John とあるので、John が話すところをしっかりと聞く必要があります。男性が John, do you know who it is? と呼びかけているところがあります。これに答える人が John です。その後、John が新しい支店長が May Grace であると答え、新しい職務についての彼女の感想を述べています。

訳　問題1～3は3人の話し手による次の会話に関するものです。

M1：役員会議であなたが行うことになっているプレゼンはできましたか。

W：まだです。Ann が最新の売上高を集めているのですが、まだ東部エリアからのデータを待っています。

M1：ええと…。彼らはもう少し時間が必要なのではと思います。新しい支店長がつい最近着任したところです。John、誰だか知っていますか。

M2：May Grace です。確かに彼女が着任してからまだ2週間です。彼女は新しい職務についてとても興奮しているようですよ。

W：それは良かったです。私は May を長い間知っています。彼女と営業セクションで2年間ほど働きました。

M2：彼女にメールを書いてはどうですか。きっと、あなたからの連絡をうれしく思うことでしょう。

W：いい案ですね。あとで、さっそく書いてみます。

1. この会話はどこで行われていると考えられますか。
   (A) レストラン
   (B) 市場
   (C) 事務所
   (D) 展示会

2. 女性が "Good for her!" と言う際、何を意図していますか。
   (A) 彼女は同僚が送ってきたデータに失望している。
   (B) 同僚は結果について誤っている。
   (C) 同僚たちは新しい部署に異動した。
   (D) 彼女は同僚の昇進をうれしく思っている。

3. John によると、May は新しい職務についてどのように感じていますか。
   (A) 彼女は興奮している。
   (B) 彼女（の健康状態）は良好である。
   (C) 彼女は疲れている。
   (D) 彼女は失望している。

WORDS
- trade show（名 見本市、展示会）
- colleague（名 同僚）
- promotion（名 昇進）
- presentation（名 プレゼンテーション、プレゼン）
- board meeting（名 役員会議、取締役会）
- sales figures（名 売上高）
- branch head（名 支店長）
- (be) transferred（転勤する）
- position（名 職位）

練習問題

音声を聞いて、次の問題に答えましょう。 

1. What are the speakers mainly discussing?
   (A) A sightseeing plan
   (B) Food preparation
   (C) A guest speaker
   (D) A factory tour

2. What do they want to see at the factory?
   (A) The presentation of a new product
   (B) The factory cafeteria
   (C) The line management system
   (D) The tour arrangements

3. What is the man concerned about?
   (A) Hardware requirements for the line management system
   (B) Food requirements for participants on the factory tour
   (C) The tour timing
   (D) Arrangements for a conference

解答と解説

1.

解説 「話題」を問う設問です。最初に男性が「ツアーについて話したか」と女性に尋ねています。それに対して、「工場見学」を担当している Sara と話したと女性が答えています。その後一部の参加者に特別な食事が必要であることが述べられていますが、これも工場ツアーについての話題に含まれると考えられます。そのため、factory tour（工場見学、工場ツアー）が答えになります。

正解 (D)

2.

解説 「彼らが何を見たいか」を問う設問です。彼らが見たいということなので、誰が述べていてもよいのですが、最後に女性の 1 人が話しているところを確認すると、we を主語に「ライン・マネージメント・システム」を見たいと伝えるようにと述べています。そのため、「彼らはライン・マネージメント・システムを見たい」と考えることができます。

正解 (C)

3.

解説 「男性は何について心配しているか」を問う設問です。男性が「一部の参加者は菜食主義者で特別な食事が必要である」と述べているところがあります。そのため「工場見学の参加者の食事制限」が答えになります。(A) の「ライン・マネージメント・システムのハードウェア要件」について心配しているわけではないので正解にはなりません。

正解 (B)

スクリプト *M1:* *W1:* *W2:*

Questions 1 through 3 refer to the following conversation with three speakers.

M: Mary, have you discussed our tour with Mark Johnson at the Webster factory?

W1: Not yet. I did talk to Sara about it. She handles the factory tours there.

M: Uh ... well. But I think you also need to speak with Mark, as he is in charge overall.

W2: I called him yesterday and his secretary told me that he is out of town until the end of the week.

M: We need to make sure that they are aware of the fact that some of the tour participants are vegetarians and require special food arrangements.

W1: I will email them about our proposed schedule and also tell them about the food requirements.

W2: Good. Please inform Mark and Sara that we want to see how their line management system operates as well.

訳 問題1～3は3人の話し手による次の会話に関するものです。

M： Mary、Webster factoryのMark Johnsonと私たちのツアーについて話しましたか？

W1：まだです。Saraとは話しました。彼女が工場見学を担当しています。

M： あー…えーと。でも、Markとも話す必要があると思います。彼が全体の責任者なので。

W2：昨日、彼に電話したのですが、今週末まで出張だと彼の秘書が言っていました。

M： 私たちは、一部の参加者が菜食主義なので特別な食事の準備が必要だと彼らに理解してもらわなければなりません。

W1：彼らにスケジュール案をメールするので、食事の制限の件についても知らせます。

W2：わかりました。あと、MarkとSaraに私たちは彼らのライン・マネージメント・システムがどのように稼働しているのか見たいと伝えておいてください。

1. 話し手たちは主に何について話していますか。
   (A) 観光の計画
   (B) 食事の準備
   (C) ゲスト・スピーカー
   (D) 工場見学

2. 彼らは工場で何を見たがっていますか。
   (A) 新商品のプレゼンテーション
   (B) 工場のカフェテリア
   (C) ライン・マネージメント・システム
   (D) ツアーの段取り

3. 男性は何を心配していますか。
   (A) ライン・マネージメント・システムのハードウェア要件
   (B) 工場見学の参加者の食事制限
   (C) ツアーのタイミング
   (D) 会議の準備

WORDS
- □ arrangement (名 準備、手配)
- □ food requirements (名 食事制限〔思想や宗教などのルールによるものも含む〕)
- □ conference (名 会議) □ handle (他動 ～を操作する、〔職務など〕を担当する)
- □ (be) in charge (責任者である、担当している) □ overall (副 全体的に)
- □ secretary (名 秘書) □ participant (名 参加者)
- □ proposed schedule (名 スケジュール案)

Part 3のルールのまとめ > 127ページを参照

UNIT 13
資料付きの問題は、焦らず資料から内容を想像しよう

POINT

Part 3 では、設問に図や表、短い書類などの資料がついている問題も出題されます。**これらの問題では、まず資料が何なのかをすばやく理解することが必要です。その後、設問をチェックし、リスニングに備えましょう。**

次の例題で、実際の解き方を確認しましょう。まず、ポイントを確認しながら設問を読みましょう。

Rental Cars

Type	Passenger	Price per day
Compact	4	$55
Standard	5	$60
Minivan	7	$65
SUV	5	$80

1. What are they mainly talking about?

(A) Giving a lecture

(B) Transportation to LA

(C) Getting to a conference

(D) Their budget

ルール 59

話題を問う問題は、表もヒントになる

2. What does the man mean when he says, "What about our transportation to the venue"?

(A) He wonders if a standard sized rental car is big enough for them.

(B) He wonders whether or not they should give a standardized test at the conference.

(C) He is not sure why Lyn will not come to the conference.

(D) He is wondering how they will get around in LA.

ルール 60

表現の意図を問う問題は意味を把握し、前後の流れを確認する

3. Look at the graphic. How much are they likely to pay for a rental car per day?

(A) 55 dollars

(B) 60 dollars

(C) 65 dollars

(D) 80 dollars

ルール 61

「価格」、「数値」は表と音声の両方で確認する

次に、設問の答えを探しながら、音声を聞きましょう（問題冊子にはスクリプトは印刷されていません）。 TRACK 39

スクリプト

Questions 1 through 3 refer to the following conversation and price list.

M: Are you ready to give your lecture at the international conference in LA?

W: Almost. Dr. Tanaka is proofreading it now.

M: What about our transportation to the venue? The conference hall is about a 15-minute drive from the hotel.

設問 2 のヒント

W: I wonder how many people from here are going. As far as I know, it is Dr. Smith, you, and I. Lyn wants to come with us too I think, but our R and D team is very busy right now.

M: In that case, we may just need a small car.

W: That's right. We won't need a larger car or minivan unless Lyn joins us. But Dr. Smith usually takes her assistants with her, doesn't she?

設問 3 のヒント

M: It seems they are not coming this time because of the small research budget. Well ..., a standard-sized car should do. I think a compact one will be too small considering that all of us will have baggage.

設問 3 のヒント

ルール 59 話題を問う問題は、表もヒントになる

まず、表をチェックしましょう。ここから、レンタカーについての問題であることがわかります。また、会話でもレンタカーの種類について話しています。しかし、選択肢に「レンタカー」はありません。レンタカーは会議まで行く方法の１つと考えられます。そのため、最も適切なのは（C）の Getting to a conference（会議に行くこと）となります。

ルール 60 表現の意図を問う問題は意味を把握し、前後の流れを確認する

Part 3 では、表現の意図を尋ねる問題も出題されます。今回のポイントの "What about our transportation to the venue?" は「会場までの移動はどうなっていますか」のような意味です。ホテルから会議場までは車で 15 分かかるということです。そのため、ホテルからどのように会場まで行くのかを気にかけているようです。(D) の「LA でどうやって移動するのか」が答えとなります。

- □ What about ～？（～はどうですか、～はどうなっていますか）
- □ How about ～？（～はどうですか、～についてはどう思いますか）

ルール 61 「価格」、「数値」は表と音声の両方で確認する

会話の中で "a standard-sized car should do."（スタンダードサイズの車で十分なはずだ）と言っているところがあります。ここから「スタンダードサイズの車」を選んだことがわかります。なお、do には「十分である、用が足りる」などの意味がありますので、確認しておきましょう。

また、表からは１日の値段が 60 ドルであることがわかります。このように、資料とリスニングの両方から答えを求める問題も出題されますので、しっかり答えられるようにしましょう。

訳 問題1～3は次の会話と値段表に関するものです。

M：LAの国際会議で行うレクチャーの準備はできましたか。

W：だいたいできました。今、Tanaka博士が校正しています。

M：会場までの移動はどうなっていますか。会議の会場はホテルから車で約15分です。

W：ここから何名ぐらい行くのでしょうか。私が知っているかぎり、Smith博士、あなた、私です。あとLynも来たがっていると思いますが、R&Dチームは今すごく忙しいです。

M：そういうことだと、小さな車で十分かもしれませんね。

W：そうですね。Lynが来ないのであれば、大きめの車やミニバンは必要ないでしょう。でも、通常の場合、Smith博士は彼女のアシスタントを連れてくるのではないですか。

M：今回は研究の予算が限られているので、彼らは来ないようです。では、スタンダードサイズの車で十分ですね。私たち全員が荷物を持っていくことを考えるとコンパクトカーは小さすぎると思います。

レンタカー

タイプ	定員	1日あたりの値段
コンパクト	4	$55
スタンダード	5	$60
ミニバン	7	$65
SUV	5	$80

1. 彼らは主に何について話していますか。
   (A) 講義を行うこと
   (B) LAまでの交通手段
   (C) 会議まで行くこと
   (D) 彼らの予算

2. 男性が "What about our transportation to the venue?" と言う際、何を意図していますか。
   (A) スタンダードサイズのレンタカーは彼らにとって十分に大きいかどうか気にかけている。
   (B) 会議で共通テストを行うべきかどうか気にかけている。
   (C) 彼はなぜLynが会議に来ないのか分からない。
   (D) 彼はLAでどうやって移動するか気にかけている。

3. 図表を見てください。彼らは1日あたりいくらレンタカーに払うと考えられますか。

(A) 55 ドル

(B) 60 ドル

(C) 65 ドル

(D) 80 ドル

WORDS

- transportation（名 移動（手段））
- standardized test（名 共通テスト、標準化されたテスト）
- proofread（他動 ～を校正する） venue（名 会場） -minute drive（車で～分）
- R and D（= research and development の略 名 研究開発） budget（名 予算）
- standard-sized car（名 スタンダードサイズの車、標準サイズの車）
- unless（接 ～でない限り、もし～でなければ） baggage（名 荷物）

練習問題

音声を聞いて、次の問題に答えましょう。 

Nancy's Kitchen
Special Offer Only valid on rainy days
10% off on lunch items 5% off all specials First drink free, 20% off all drinks thereafter
Expires Dec 31

1. Where most likely are the speakers?
(A) At an office
(B) At a food court
(C) At a restaurant
(D) At a supermarket

2. Look at the graphic. What discount will the woman most likely receive on her meal?
(A) 5%
(B) 10%
(C) 15%
(D) 20%

3. What does the woman need to do to receive a discount?
(A) Buy an umbrella
(B) Reserve a table
(C) Write her name on the bill
(D) Show her coupon

解答と解説

1.

解説 話し手がいる場所を問う設問です。レストランで聞かれる表現がいろいろと出てきます。たとえば、Would you like a drink to start with?（飲み物から注文しますか）、What's your special today?（今日のスペシャルは何ですか）などです。このような会話の流れからウェイターと客との間の会話であることがわかります。そのため、レストランにいると判断します。また、sautéed pork fillet や grilled salmon sandwich など、料理の名前などもヒントになります。

正解 (C)

2.

解説 「値引きの割合」を尋ねています。クーポンを見ると雨の日は値引きが受けられると書いてあります。ランチは 10% 引き、スペシャルは 5% 引きとあります。女性が頼んだのはグリルド・サーモン・サンドイッチです。これは「今日のスペシャル」でした。また、It looks like it's gonna rain というところでは、まだ雨は降っていませんが、最後に、Look. It's raining now. と女性が言っています。そのため、雨の日値引きを受けられるので、5% 値引きされると考えます。

正解 (A)

3.

解説 「値引きを受けるためにはどうするのか」を尋ねています。値引きの条件は、客がレストランにいる間に雨が降ること、また、支払いの際にクーポンを見せれば値引きを受けられると男性が説明しています。そのため、答えは Show her coupon（クーポンを見せる）となります。

正解 (D)

01 スクリプト *M:* 🇬🇧 *W:* 🇨🇦

Questions 1 through 3 refer to the following conversation and coupon.

M: How is everything today ma'am? Would you like a drink to start with?

W: I have to go back to the office later so I will just have a coffee. What's your special today?

M: Sautéed pork fillets with wine vinegar sauce, served with steamed vegetables. We also have a special seafood lunch. Today, it is an open grilled salmon sandwich served with French fries. Soft drinks come with specials as usual.

W: The sandwich sounds good. It looks like it's gonna rain soon. Can I use my rainy day coupon?

M: Yes, ma'am. As long as it rains while you are here, you can. Please show the coupon when you pay.

W: Thanks. ... Look. It's raining now.

訳 問題1～3は次の会話とクーポンに関するものです。

M：本日はご機嫌いかがですか。最初にお飲み物はいかがですか。

W：後で事務所に戻らなくてはならないので、コーヒーでいいです。今日のスペシャルは何ですか。

M：ポーク切り身のソテーのワインビネガーソース和えと蒸し野菜です。あと、スペシャル・シーフード・ランチもございます。本日は、グリルド・サーモンのオープンサンドで、ポテトフライもついてきます。いつもと同じでスペシャルにはソフトドリンクがついてきます。

W：サンドイッチがいいですね。なんだか雨がすぐに降りそうに見えるけど。雨の日クーポンは使えますか。

M：もちろんです。お客様が当店にいらっしゃる間に、雨が降りましたらお使いいただけます。クーポンはお支払いの際にお見せください。

W：ありがとう。…ほら。雨が降り出しました。

Nancy's Kitchen

特別割引
雨の日のみ有効

すべてのランチ品目を10％値引き
スペシャルは5％引き
ドリンクは最初の1杯は無料、2杯目からは20％引き

12月31日まで有効

1. 話し手たちはどこにいると考えられますか。
   (A) 事務所
   (B) フードコート
   (C) レストラン
   (D) スーパーマーケット

2. 図表を見てください。女性は食事に対して、どのくらいの値引きを受けられると考えられますか。
   (A) 5%
   (B) 10%
   (C) 15%
   (D) 20%

3. 女性は値引きを受けるために何をしなくてはなりませんか。
(A) 傘を買う
(B) テーブルを予約する
(C) 請求書に彼女の名前を書く
(D) クーポンを見せる

WORDS
- valid（形 有効な） item（名 品目） thereafter（副 それ以降）
- ma'am（名 奥様、お嬢さん〔女性に対する丁寧な呼びかけ、男性には sir を使う〕）
- sauté（他動 ソテーにする、油でいためる） pork fillet（名 豚肉の切り身）
- wine vinegar（名 ワイン酢） grilled（形 グリルされた）
- served with ～（～とともに給仕される）
- (be) gonna *do*（(be) going to *do* の会話で使われる形）

COLUMN

ma'am は madam の簡略形で［m'æm］「マーム」のように発音します。日本語では「マダム」という言葉が使われますが、米国英語では口語としては madam ではなく ma'am とすることが多いです。ただし、メールや手紙などで、Dear Madam, などと使うのは一般的です。

Part 3のルールのまとめ > 127ページを参照

PART 3 ルールリスト

UNIT 8 ～ 13 で学習したルールをもう一度確認しましょう。Part 3 では、音声が流れる前に設問を先読みしておくことが大切です。自信のない項目については、しっかり復習しておきましょう。

UNIT08 会話の「場所」、「話し手」、「聞き手」を推測しよう

□ ルール 46	設問を先読みし、「何が問われているか」をとらえる	CHECK ＞ 84ページ
□ ルール 47	「場所」、「話し手」、「聞き手」は会話全体から推測する	CHECK ＞ 84ページ
□ ルール 48	よく出る設問文のパターンを押さえる	CHECK ＞ 84ページ

UNIT09 「話題」、「依頼・提案内容」を聞き取ろう

□ ルール 49	「話題」は、会話全体から関連語句を聞き取る	CHECK ＞ 91ページ
□ ルール 50	「依頼・提案内容」は、会話の後半に注意する	CHECK ＞ 91ページ

UNIT10 会話の「詳細情報」を聞き取ろう

□ ルール 51	設問文から、聞き取りのキーワードをつかむ	CHECK ＞ 98ページ
□ ルール 52	「詳細情報」はキーワードを手がかりに聞き取る	CHECK ＞ 98ページ

UNIT11 解答の手順を考えよう

□ ルール 53	設問文で「何が問われているか」を簡単にまとめる	CHECK ＞ 105ページ
□ ルール 54	会話のどこにヒントがあるか予測する	CHECK ＞ 105ページ
□ ルール 55	必要な情報を探しながら会話を聞く	CHECK ＞ 105ページ

UNIT12 3人の会話は状況を押さえよう

□ ルール 56	場所を尋ねる問題は状況を把握する	CHECK > 112ページ
□ ルール 57	表現の意味は流れからも推測できる	CHECK > 112ページ
□ ルール 58	名前が出てきたら、 どれが誰かを意識して聞く	CHECK > 112ページ

UNIT13 資料付きの問題は、焦らず資料から内容を想像しよう

□ ルール 59	話題を問う問題は、表もヒントになる	CHECK > 120ページ
□ ルール 60	表現の意図を問う問題は 意味を把握し、前後の流れを確認する	CHECK > 120ページ
□ ルール 61	「価格」、「数値」は 表と音声の両方で確認する	CHECK > 120ページ

SHORT TALKS

PART 4
説明文問題

UNIT 14 「話し手」、「聞き手」、「場所」を押さえよう …… 130
UNIT 15 「話題」を聞き取ろう …… 138
UNIT 16 固有名詞から内容を押さえよう …… 146
UNIT 17 説明文の「詳細情報」を聞き取ろう …… 154
UNIT 18 表現の意図を問う問題は流れを意識しよう …… 162
UNIT 19 資料付きの問題は聞くべき内容に集中しよう …… 169
ルールリスト …… 178

UNIT 14
「話し手」、「聞き手」、「場所」を押さえよう

POINT

Part 4 では、「話し手」、「聞き手」、「場所」 を問う設問がよく出題されます。場内アナウンスや電話メッセージ、スピーチなどでは、名前や役職などの自己紹介が冒頭部分でなされることが多いので、冒頭から注意して聞きましょう。

次の例題で、実際の解き方を確認しましょう。まず、ポイントを確認しながら設問を読みましょう。

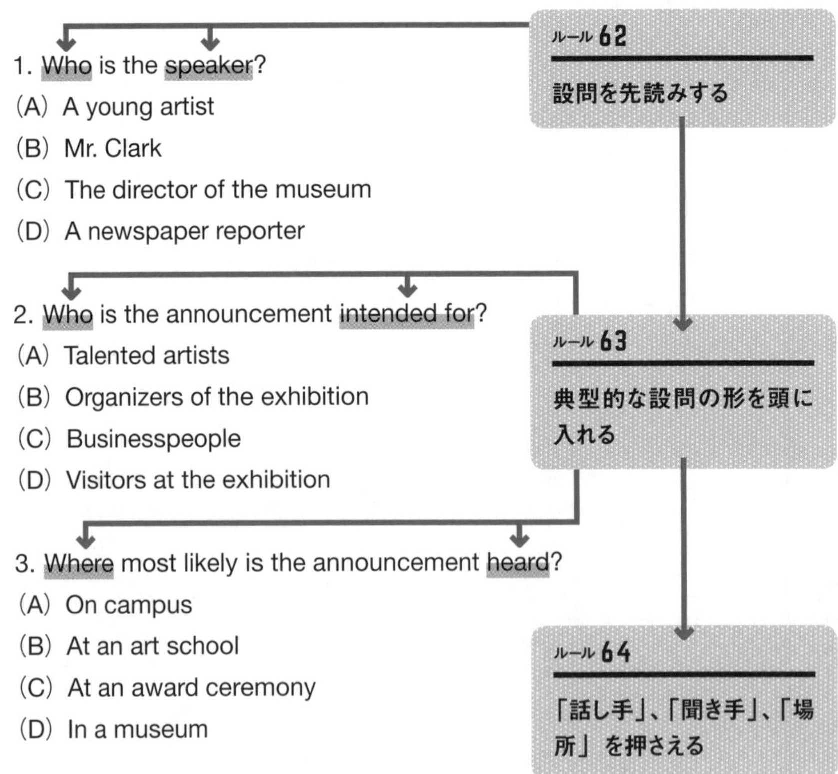

1. Who is the speaker?
(A) A young artist
(B) Mr. Clark
(C) The director of the museum
(D) A newspaper reporter

2. Who is the announcement intended for?
(A) Talented artists
(B) Organizers of the exhibition
(C) Businesspeople
(D) Visitors at the exhibition

3. Where most likely is the announcement heard?
(A) On campus
(B) At an art school
(C) At an award ceremony
(D) In a museum

次に、設問の答えを探しながら、音声を聞きましょう（問題冊子にはスクリプトは印刷されていません）。 TRACK 41

スクリプト

Questions 1 through 3 refer to the following announcement.

設問 1 のヒント

設問 2 のヒント

設問 3 のヒント

Ladies and gentlemen, I am Ed Starling, the director of this art museum. Welcome to the opening of this group exhibition featuring ten talented local young artists. As you may have already noticed, the exhibition displays various types of art forms including live art shows. Tonight, John Clark will be presenting his live painting show. He majored in sculpture and has experience in working with a lot of different kinds of materials. Surprisingly, he started painting just one year ago, after graduating from an art school in New York. Now, please enjoy John's performance.

ルール62 設問を先読みする

Part 4では、比較的長い英文が出題されるため、最初から最後まですべてを聞こうとすると、情報が多すぎておぼえきれません。したがって、音声が始まる前にあらかじめ設問を読んでおき、設問の内容をきちんと把握しておくことが大切です。

ルール63 典型的な設問の形を頭に入れる

設問1は、Whoとspeakerから、「話し手が誰か」を尋ねていることがわかります。設問2の(be) intended for ～は「～に向けられている」の意味で、「聞き手が誰か」を尋ねる設問になります。設問3は、Where、heardから、アナウンスがされている場所を尋ねていることがわかります。これらは、Part 4で出題される典型的な設問ですので、形をしっかり頭に入れておきましょう。

ルール64 「話し手」、「聞き手」、「場所」を押さえる

「話し手」については、自己紹介をしている部分がカギとなることが多いので、冒頭部分に集中しましょう。「話し手」がわかれば、「聞き手」や「場所」についても推測することができます。また、例題のような案内のアナウンスでよく使われる、客や訪問者に呼びかけるWelcome to ～のような決まり文句も、「聞き手」や「場所」を推測するヒントとなります。

訳 問題1～3は次のお知らせに関するものです。
みなさま、私は Ed Starling で、当美術館の館長です。地元の若い才能ある10名の芸術家を取り上げたグループ展のオープニングにようこそお越しくださいました。すでにお気づきかもしれませんが、本展示会では、ライブアートショーを含む、さまざまな種類の芸術形式を展示しています。今晩は John Clark がライブペインティングショーを行います。彼は彫刻を専攻し、さまざまな素材で制作をした経験があります。驚くべきことに、彼はニューヨークの芸術学校を卒業後、わずか1年前に絵画を始めたばかりです。それでは、John のパフォーマンスをお楽しみください。

1. 話し手は誰ですか。
   (A) 若い芸術家
   (B) Clark さん
   (C) 美術館の館長
   (D) 新聞記者

2. このお知らせは誰に向けられたものですか。
   (A) 才能ある芸術家
   (B) 展示会の運営者
   (C) 実業家
   (D) 展示会の訪問者

3. このお知らせはどこで聞かれると考えられますか。
   (A) 大学の構内
   (B) 芸術学校
   (C) 受賞式
   (D) 美術館

WORDS
- intend (他動 ～を意図する)
- exhibition (名 展示会)
- award (名 賞)
- local (形 地元の)
- notice (他動 ～に気づく)
- various (形 各種の)
- present (他動 ～を発表する)
- major in ～ (～を専攻する)
- material (名 材料、素材)
- graduate from ～ (～を卒業する)

練習問題

音声を聞いて、次の問題に答えましょう。

1. Who most likely is the speaker?

(A) One of the team members
(B) The manager of a baseball team
(C) The owner of a store
(D) A customer of a store

2. Who is the announcement intended for?

(A) Guests
(B) Shoppers
(C) Shop clerks
(D) Baseball players

3. Where most likely is the announcement heard?

(A) At a restaurant
(B) At a supermarket
(C) At a baseball stadium
(D) At an office

解答と解説

1.

解説 「話し手が誰か」を問う設問。最初の方で、owner of this store（この店の所有者）と自己紹介している部分がカギです。ここを聞き逃しても、状況から十分に正答できる問題です。このお店が支援している野球チームが試合に勝ったので値引きをする、という大まかな話の流れから、値引きをする立場にある人は（C）と考えることができます。

正解 (C)

2.

解説 「聞き手」を問う設問。(A) Guests と（B）Shoppers で迷うかもしれませんが、guest は「誰かの家や事務所などを訪れる客」、shopper は「買い物客」を指します。店で値引きについてアナウンスしているという状況から、聞き手は（B）の買い物客と考えるのが妥当です。店には店員もいますが、店員に向けられた内容ではありません。また、野球チームの選手たちが買い物に来ているという言及はないので、(D) も不正解です。

正解 (B)

3.

解説 「場所」を問う設問。Thank you very much for shopping at Sunrise Mart.（Sunrise Mart でお買い物いただきありがとうございます）がカギとなります。ここを聞き逃しても、store（店）、discount（値引き）、food product（食品）、supermarket（スーパーマーケット）などの関連語句から、食品を売っている店（B）であることがわかります。

正解 (B)

スクリプト

Questions 1 through 3 refer to the following announcement.
Ladies and gentlemen, I am Don Jobst and owner of this store. Thank you very much for shopping at Sunrise Mart. Today, we would like to offer you a special discount on all food products from now until 7 P.M. This afternoon, the local professional baseball team, the Wild Bears, won the first game of the championship series. We have been supporting the team since its foundation ten years ago. The team members often visit us and we also hold meet-the-team events at this supermarket regularly. Bob Ortega, a cleanup hitter, is the son of Mr. Ortega, an assistant manager of this store. We are so happy about the

team winning today's game, and I hope you will share our excitement. So, take advantage of the discount and celebrate with us.

訳 問題1～3は次のお知らせに関するものです。
みなさま、私はDon Jobstで、この店の店主です。Sunrise Martでお買い物いただきありがとうございます。本日、たった今から午後7時まで全食品について、みなさまに特別値引きを提供させていただきます。本日の午後、地元プロ野球チームのWild Bearsがチャンピオンシリーズ初戦を勝利で飾りました。当店は10年前の結成時からこのチームを支援してまいりました。チームのメンバーは当店をしばしば訪れ、このスーパーマーケットで定期的に「チームに会おう」イベントも開催しております。4番打者のBob Ortegaは当店の副店長のOrtegaの息子さんです。私どもはチームが本日の試合に勝ったことを非常にうれしく思っており、みなさまとこの興奮を分かち合いたいと思っております。さあ、値引きをご利用になって、一緒にお祝いしましょう。

1. 話し手は誰だと考えられますか。
   (A) チームメンバーの1人
   (B) 野球チームの監督
   (C) 店主
   (D) お店の客

2. このお知らせは誰に向けられたものですか。
   (A) 訪問客
   (B) 買い物客
   (C) 店員
   (D) 野球選手

3. このお知らせはどこで聞かれると考えられますか。
   (A) レストラン
   (B) スーパーマーケット
   (C) 野球場
   (D) 事務所

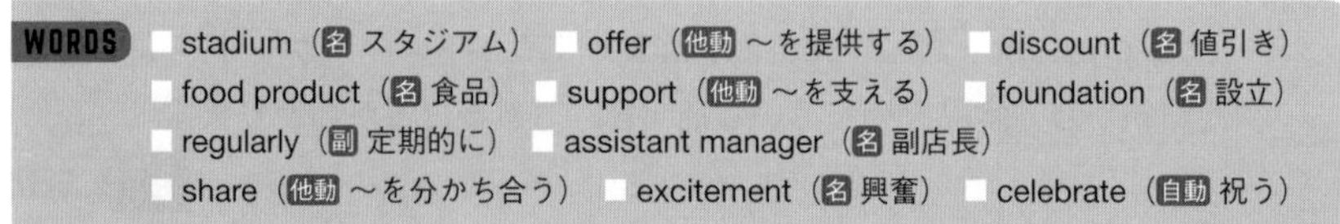
WORDS
□ stadium（名 スタジアム） □ offer（他動 ～を提供する） □ discount（名 値引き）
□ food product（名 食品） □ support（他動 ～を支える） □ foundation（名 設立）
□ regularly（副 定期的に） □ assistant manager（名 副店長）
□ share（他動 ～を分かち合う） □ excitement（名 興奮） □ celebrate（自動 祝う）

COLUMN

Ladies and gentlemenで始まるスピーチ

Ladies and gentlemen, I am Ed Starling, ～（〔紳士淑女の〕みなさま、私はEd Starlingです）と聴衆に呼びかけ自己紹介を続けたり、Ladies and gentlemen, I would like to talk about ～（みなさま、私は～についてお話しします）などと話題につなげることもできます。また、Good morning, ladies and getelemen（〔紳士淑女の〕みなさま、おはようございます）などのように挨拶から始めることもできます。

Part 4のルールのまとめ ＞ 178ページを参照

UNIT 15
「話題」を聞き取ろう

POINT

Part 4 では「話題」を尋ねる問題もよく出題されます。「話題」については冒頭部分で具体的に述べられる場合もありますが、具体的な言及がない場合は、関連語句をとらえることが大切です。

次の例題で、実際の解き方を確認しましょう。まず、ポイントを確認しながら設問を読みましょう。

1. What is the caller talking about?
(A) His schedule
(B) Mile High Auto
(C) Ms. Tobin's car
(D) Snow tires

ルール 65
「話題」を聞き取る

2. Who is Mr. Yamada?
(A) An auto mechanic
(B) A car dealer
(C) A telephone operator
(D) A physician

ルール 66
「職業」は関連語句から推測する

3. Why is the man calling?
(A) He needs to sell another car.
(B) The tires need replacing.
(C) He wants to confirm his schedule.
(D) Ms. Tobin ordered a spare tire.

ルール 67
「目的・用件」を聞き取る

次に、設問の答えを探しながら、音声を聞きましょう（問題冊子にはスクリプトは印刷されていません）。 TRACK 43

スクリプト

Questions 1 through 3 refer to the following telephone message.

設問 1 のヒント

設問 2 のヒント

設問 3 のヒント

Hello, Ms. Tobin, this is Dan Yamada from Mile High Auto. We repaired the flat tire and your car is ready now. However, we took a close look at all the tires and found that two of them are quite worn out. They need to be replaced soon. Also, the spare tire is missing. I recommend you have those worn-out tires changed soon and get a spare tire. If you would like us to, we can change the tires today. Please give us a call and let us know what you would like to do.

ルール 65 「話題」を聞き取る

設問1は「話題」について尋ねています。「話題」を問う設問はよく出題されますが、比較的正答しやすいタイプの設問ですので、What is the topic of the talk? など、典型的な設問文をおぼえておきましょう。「話題」については、まず冒頭部分を聞きます。次に、繰り返し出てくる語や関連する語句を音声の中からできるだけ多く聞き取り、大まかな状況をつかみます。

例題では、冒頭の Hello, Ms. Tobin, this is Dan Yamada from Mile High Auto. から、車に関する用件で Ms. Tobin に電話をかけたことがわかります。その後、flat tire や your car、spare tire、worn-out tires など車（の修理）にかかわる語句が繰り返されるので、全体として Ms. Tobin's car について話していると、推測できます。

ルール 66 「職業」は関連語句から推測する

設問2の Who is Mr. Yamada? は、話し手の「職業」を尋ねる設問です。p132 のルール 64 で学習したように、「話し手」の情報については冒頭部分で述べられることが多いのですが、職業名が具体的に述べられない場合は、設問1の「話題」の問題と同じように、話し手の職業に関連する語句を拾いながら聞くようにしましょう。

例題では、冒頭の Mile High Auto という店名から、自動車関連の職業ではないかと推測できます。この後、ルール 65 で取り上げたような車（の修理）に関する語句が繰り返されることから、(A) の An auto mechanic が正解とわかります。

ルール 67 「目的・用件」を聞き取る

設問3は、Why で「電話をしている理由」、つまり「用件」について尋ねています。電話のメッセージでは、名前などを名乗った直後に用件が述べられることが多いので、やはり冒頭部分に注意しましょう。

例題では、two of them are quite worn out や They need to be replaced などの部分から、(B) が正解とわかります。

訳 問題1～3は次の電話のメッセージに関するものです。
もしもし、Tobinさん、こちらはMile High Auto店のDan Yamadaです。お客さまの車はパンクしたタイヤの修理が済み、もうお渡しできる状態になっています。ですが、すべてのタイヤを点検したところ、2つがかなりすり減っております。すぐに交換が必要です。また、スペアタイヤがありませんでした。すり減ったタイヤをすぐに交換し、スペアタイヤを入手することをお勧めします。もしご希望であれば、タイヤは本日交換することができます。当店にお電話の上、ご希望をお伝えください。

1. 電話をかけている人は何について話していますか。
   (A) 彼のスケジュール
   (B) Mile High Auto店
   (C) Tobinさんの車
   (D) スノータイヤ

2. Yamadaさんの職業は何ですか。
   (A) 自動車整備士
   (B) 自動車販売業者
   (C) 電話交換手
   (D) 内科医

3. 男性はなぜ電話しているのですか。
   (A) 別の車を売る必要があるため。
   (B) タイヤを交換する必要があるため。
   (C) スケジュールを確認したいと思っているため。
   (D) Tobinさんがスペアタイヤを注文したため。

WORDS
- replace（他動 ～を交換する）
- spare（形 予備の、スペアの）
- repair（他動 ～を修理する）
- flat（形 パンクした）
- take a look at ～（～を見る）
- missing（形 欠けている）
- worn-out（形 すり減った）
- recommend（他動 ～を勧める）

UNIT 15

練習問題

音声を聞いて、次の問題に答えましょう。

1. What is the speaker probably doing?

(A) Working out at a gym
(B) Designing a business card
(C) Providing a training session
(D) Listening to a presentation

2. What is the main purpose of this talk?

(A) To exchange business cards
(B) To learn a foreign language
(C) To teach business manners
(D) To welcome guests from other countries

3. What will the speaker do next?

(A) She will leave the room.
(B) She will give a presentation on marketing.
(C) She will demonstrate how to handle business cards.
(D) She will take a break.

解答と解説

1.

解説 「話し手は何をしているか」を尋ねています。話し手についての情報は、冒頭の自己紹介で述べられます。ここでは最初の方で述べられる My name is Betty Adams and today I would like to talk about business manners in other countries. から、話し手はこれから話をしようとしていることがわかります。その後の practice session（練習時間）や let me start by demonstrating how ... などの言葉から、話し手は研修の講師と推測できます。したがって、(C) Providing a training session が正解です。

正解 (C)

2.

解説 「目的」を問う設問です。この問題についても、冒頭の自己紹介、My name is Betty Adams and today I would like to talk about business manners in other countries. を聞けば、(C) が正解とわかります。(A) の名刺交換は、1 つ目のトピックとして言及されていますが、話全体の目的ではありません。(B)、(D) については言及がありません。

正解 (C)

3.

解説 「次の行動」を問う設問なので、最後の方に注意して聞くと、最後の文で Now, let me start by demonstrating how to exchange business cards. と述べています。選択肢 (C) は exchange（～を交換する）を handle で言い換えていますが、同様のことを述べています。(B) は give a presentation の部分は正しいのですが、マーケティングについての言及はありません。

正解 (C)

スクリプト

Questions 1 through 3 refer to the following excerpt from a talk.
Good afternoon. My name is Betty Adams and today I would like to talk about business manners in other countries. First, I would like to talk about how business cards are handled in other cultures because they are considered very important in some countries.

Second, I would like to talk about things you should avoid doing in some cultures. After that, we will have a short practice session so that you can actually experience what you should and shouldn't be doing when you do business with people from other countries. Please keep in mind that the most important thing is to feel confident about what you are doing. Now, let me start by demonstrating how to exchange business cards.

訳 問題 1 ～ 3 は次の話の一部に関するものです。
こんにちは。私は Betty Adams です。今日は、他の国々でのビジネスマナーについてお話しします。最初に、他の文化において名刺がどのように扱われているかについてお話しします。というのも、名刺はいくつかの国々では大変重要なものと考えられているからです。次に、いくつかの文化において避けるべき行動についてお話しします。その後、短い練習時間を設け、他の国々の人と取引をする際に、何をすべきで何をするべきでないかを実際に体験していただきます。覚えておいていただきたいのは、自分がやっていることに自信を持つことが最も大切だということです。それでは、名刺の交換の仕方を実演することから始めさせてください。

1. 話し手は何をしていると考えられますか。
   (A) ジムでトレーニングをしている。
   (B) 名刺をデザインしている。
   (C) 研修を提供している。
   (D) プレゼンを聞いている。

2. この話の目的は何ですか。
   (A) 名刺を交換すること。
   (B) 外国語を学ぶこと。
   (C) ビジネスマナーを教えること。
   (D) 他の国からの客を歓迎すること。

3. 話し手は次に何をしますか。
   (A) 部屋から出て行く。
   (B) マーケティングについてのプレゼンをする。
   (C) 名刺の扱い方を実演する。
   (D) 休憩する。

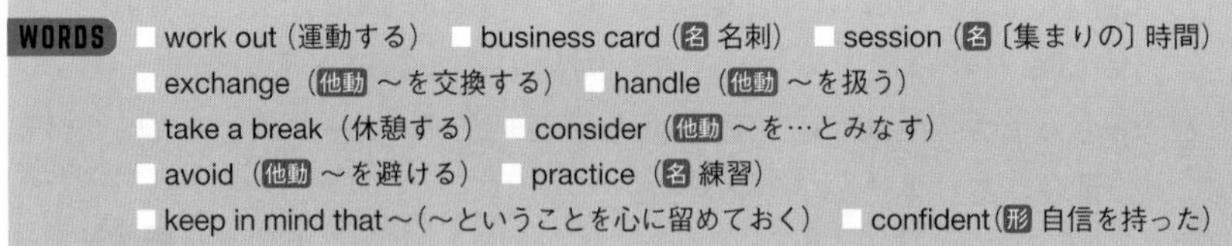

COLUMN

dos and don'ts

今回の練習問題では他国でのビジネスマナーがテーマでした。このように異国での習慣について述べる状況で、よく出てくる表現の1つに dos and don'ts（do's and don'ts）があります。これは do（する）と don't（しない）の複数形なのですが、「何をすべきで、何をすべきでないか」ということを意味しています。たとえば、dos and don'ts at a formal party（フォーマルなパーティーですべきこと、してはいけないこと）などです。

Part 4のルールのまとめ > 178ページを参照

UNIT 16
固有名詞から内容を押さえよう

POINT

話の中心となっている固有名詞がどんな商品・サービスを指すのかわかれば、全体のイメージがつかみやすくなります。**固有名詞に含まれる語や、話に繰り返し出てくる関連語句にヒントがあるので、注意して聞きましょう。**

次の例題で、実際の解き方を確認しましょう。まず、ポイントを確認しながら設問を読みましょう。

1. What is Easy Accountant?
(A) A type of accounting work
(B) A bank account
(C) A software application
(D) A medicine for headaches

ルール 68
広告・宣伝では固有名詞に注意する

2. Who is this advertisement intended for?
(A) Small business owners
(B) Professional accountants
(C) Software engineers
(D) Business consultants

ルール 69
「聞き手」を推測する

3. How can listeners get a discount?
(A) By talking with a professional consultant
(B) By inputting data
(C) By making various accounting documents
(D) By purchasing the product by Friday

ルール 70
「方法」を聞き取る

次に、設問の答えを探しながら、音声を聞きましょう（問題冊子にはスクリプトは印刷されていません）。 TRACK 45

スクリプト

Questions 1 through 3 refer to the following advertisement.

Is doing the accounts giving you a headache? Our new accounting software, Easy Accountant, can help you handle accounting work. Don't spend too much time on accounting work, and have Easy Accountant handle it for you instead. Easy Accountant can create many kinds of accounting documents. All you need to do is enter the relevant data, and Easy Accountant will do the rest. Easy Accountant is easy to use and specially designed for small business owners who are struggling doing accounting work. If you buy Easy Accountant by this Friday, you will get a 5% discount and free telephone consultations with a professional accountant for one year. You can call us as many times as you want to get advice on accounting for absolutely free. And remember, you can always call us to ask how to use the software for free. So, buy the software by Friday and get rid of your headache.

設問 1 のヒント

設問 2 のヒント

設問 3 のヒント

ルール 68 広告・宣伝では固有名詞に注意する

Part 4 では、商品・サービス名や、店や会社などを表す固有名詞について尋ねる設問も出題されます。広告・宣伝では、商品名が問われます。

設問 1 では「Easy Accountant とは何か」→「どんな商品か」が問われています。Easy Accountant は固有名詞ですが、Accountant から「会計」に関する商品だと推測できれば、全体の内容を把握するための大きなヒントになります。広告・宣伝も冒頭が大切で、冒頭の Our new accounting software, Easy Accountant が聞き取れれば、設問 1 の正解は（C）とわかります。また、enter the relevant data（関連データを入力する）、how to use the software（そのソフトの使い方）などの関連語句も、正解のヒントになります。

ルール 69 「聞き手」を推測する

設問 2 の Who is ～ intended for? は「聞き手」を問う典型的な設問文です。広告の場合、「聞き手」→「商品を使うと想定される人」と考えられます。

冒頭文から、Easy Accountant は accounting work に携わる人に向けた商品であることがわかります。この段階で選択肢は（A）、（B）に絞れますが、中盤に specially designed for small business owners（特に中小企業のオーナー向けに設計されて）とあり、（A）が正解とわかります。

ルール 70 「方法」を聞き取る

設問 3 は How の疑問文で「割引を受ける方法」について尋ねています。discount をキーワードに聞いていくと、If you buy Easy Accountant by this Friday, you will get a 5% discount とあり、これを言い換えた（D）が正解とわかります。

「方法」を問う設問では、割引の他、連絡方法や応募方法についてもよく出題されます。設問文が how で始まり、by で始まる選択肢が並んでいたら、「方法」の設問と判断しましょう。

訳 問題 1 ～ 3 は次の宣伝に関するものです。
会計業務が頭痛の種ですか。当社の新しい会計ソフト Easy Accountant は、あなたの会計業務を手助けします。会計の仕事に時間をかけすぎないで、代わりに Easy Accountant にお任せください。Easy Accountant を使えば、多くの種類の会計書類を作成できます。関連データを入力するだけで、あとは Easy Accountant がすべて処理します。Easy Accountant は使うのが簡単で、特に会計業務に苦労している中小企業のオーナー向けに設計されています。今週の金曜日までに Easy Accountant をお買い上げいただければ、5%の割引が受けられ、1 年間無料でプロの会計士の電話相談をご利用いただけます。何回でも電話し、会計についてのアドバイスを一切無料で受けることができます。また、ソフトの使い方についてのご質問のお電話は、いつでも無料でできますのでお忘れなく。ですから、金曜日までにソフトを買って、頭痛の種を取り除きましょう。

1. Easy Accountant とは何ですか。
   (A) 会計業務の種類
   (B) 預金口座
   (C) アプリケーション・ソフト
   (D) 頭痛薬

2. この宣伝は誰に向けられたものですか。
   (A) 中小企業のオーナー
   (B) プロの会計士
   (C) ソフトウエア技術者
   (D) ビジネスコンサルタント

3. 聞き手はどのようにして割引を受けることができますか。
   (A) 専門のコンサルタントと話をする
   (B) データを入力する
   (C) さまざまな会計書類を作成する
   (D) 金曜日までに商品を購入する

WORDS
- accountant (名 会計士)
- various (形 さまざまな)
- handle (他動 ～を処理する)
- struggle (自動 奮闘する)
- consultation (名〔専門家との〕相談)
- get rid of ～ (～を取り除く)

UNIT 16

練習問題

音声を聞いて、次の問題に答えましょう。 

1. What is Sammy's?

(A) The name of a street

(B) A restaurant

(C) A building

(D) The speaker's name

2. Why did the current situation happen?

(A) They closed down many stores.

(B) The customers are bored with the food.

(C) They changed the menu.

(D) The economic situation is bad.

3. What will happen next?

(A) They will close down some stores.

(B) They will ignore the situation.

(C) They will open more restaurants.

(D) They will talk about plans for improvement.

解答と解説

1.

解説 「固有名詞」について尋ねています。冒頭に Currently Sammy's owns 60 restaurants とあり、ここから Sammy's はレストラン・チェーンであることがわかります。レストランや店などの名前に所有格（'s）を使うことがありますので、覚えておきましょう。(A)、(C) については、全く言及がありません。話し手の名前についても言及がないので、(D) も誤りです。

正解 (B)

2.

解説 「詳細情報」を尋ねています。customers are getting bored with our menu（お客さまは当店のメニューに飽きてきている）の部分がカギとなります。また、current situation をキーワードに聞いていくと、後半に analyze the current situation and come up with some ideas for our new menu とあり、現状は「お客さんがメニューに飽きているために起きた」と考えられます。(A) は店舗数が増えているという発言と矛盾します。(D) については言及されていません。(C) は「お客さんがメニューに飽きている」という内容と矛盾します。

正解 (B)

3.

解説 「次に起こること」を尋ねています。このタイプの設問の答えは、依頼の形で示されることが多いので、依頼文・命令文に注意します。後半部分に、解答のヒントとなる Our next meeting is scheduled for Friday, so please think of some ideas by then. という依頼文が聞こえます。(A) 店舗数を減らす計画については言及されていません。(B) は、話し合いがされることから、誤りとわかります。(C) の店舗数を増やす計画は話に出てきますが、実行するかどうかは述べられていません。話の中ではっきりと述べられているのは、次の会議で新メニューについて話し合うということで、これを言い換えた (D) が正解です。

正解 (D)

スクリプト

Questions 1 through 3 refer to the following talk.
Currently Sammy's owns 60 restaurants throughout the state and our total sales figures increased by 15 percent from last year, so it may seem that we are doing well. However, the number of our stores has increased by 20 percent since last year but we have only been able to increase sales by 15 percent. In other words, the sales figures per restaurant have actually decreased. Why? I found out that the results of a customer survey show that customers are getting bored with our menu. We originally planned to open fifteen more shops this year, but I don't think the total sales figures will increase unless we make changes to our menu. I want all the executive members to analyze the current situation and come up with some ideas for our new menu. Our next meeting is scheduled for Friday, so please think of some ideas by then. Thanks.

訳 問題1～3は次の話に関するものです。
現在、Sammy's は州全体で60店のレストランがあり、総売上高は昨年から15%伸びましたので、経営は順調なように見えます。しかしながら、店舗数が昨年から20%増えたのに、売上は15%しか伸ばすことができていません。言い換えると、1店舗当たりの売上は実際のところ落ちたのです。なぜでしょう。顧客アンケート結果から、お客さまは当店のメニューに飽きてきていることがわかりました。今年はさらに15店舗をオープンする予定でしたが、メニューを変えないかぎり、売上高が伸びるとは思えません。重役全員に、現状を分析して新メニューのアイデアを出してもらいたいと思います。次回の会議は金曜日に予定されていますので、それまでに何かアイデアを考えておいてください。ありがとうございました。

1. Sammy's とは何ですか。
   (A) 通りの名前
   (B) レストラン
   (C) 建物
   (D) 話し手の名前

2. どうして現在のような状況が起こったのですか。
   (A) 多くの店を閉めたから。
   (B) 客が食べ物に飽きているから。
   (C) メニューを変えたから。
   (D) 経済状況が悪いから。

3. 次に何が起こりますか。
   (A) いくつかの店を閉める。
   (B) 状況を無視する。
   (C) もっと多くのレストランを開店する。
   (D) 改善案について話し合う。

WORDS

- current（形 現在の）
- be bored with ～（～にうんざりした）
- ignore（他動 ～を無視する）
- improvement（名 改善）
- throughout（前 ～の至るところに）
- sales figure（名 売上高）
- increase（自動 増加する）
- in other words（言い換えれば）
- decrease（自動 減少する）
- result（名 結果）
- survey（名 調査）
- originally（副 もともと）
- executive member（名 重役）
- analyze（他動 ～を分析する）
- come up with ～（〔アイデアなど〕を出す）

COLUMN

アポストロフィーが含まれる会社名

今回の練習問題では Sammy's が店名として使われていました。所有格なので Sammy's は「サミーの（所有するもの）」の意味になり、レストラン以外でもお店や会社などの名前として使うことができます。実際の会社名を挙げてみると、McDonald's、Levi's、Denny's、Wendy's など、いろいろあります。デザインを優先するためか、アポストロフィーが省略されることもあるようです。

Part 4のルールのまとめ > 178ページを参照

UNIT 17
説明文の「詳細情報」を聞き取ろう

POINT

「詳細情報」に関する設問は難しそうに見えますが、設問を先読みし、聞くべき情報を絞っておけば、対処しやすい問題と言えます。**設問文のキーワードを手掛かりに、ポイントを絞ったリスニングをするのがコツです。**

次の例題で、実際の解き方を確認しましょう。まず、ポイントを確認しながら設問を読みましょう。

1. Who is introduced as the first speaker?
(A) Dr. Lee
(B) Mr. Wang
(C) Mr. Rodgers
(D) Ms. Simon

ルール71
選択肢の縦読みで、聞き取りのポイントをつかむ

2. How long will the whole session last?
(A) Thirty minutes
(B) Two hours
(C) One whole day
(D) As long as it takes

ルール72
「詳細情報」は選択肢を見ながら聞く

ルール73
「話し手」に関する情報は、自己紹介を聞く

3. What is the speaker doing?
(A) Introducing a product
(B) Preparing for a presentation
(C) Hosting a presentation session
(D) Talking about energy saving strategies

次に、設問の答えを探しながら、音声を聞きましょう（問題冊子にはスクリプトは印刷されていません）。 TRACK 47

スクリプト

Questions 1 through 3 refer to the following announcement.

Good afternoon, everyone. I would like to thank all of you for attending today's meeting. My name is Ted Rodgers and I am honored to facilitate this presentation session today. I hope you will enjoy today's presentations. The first speaker will be Dr. Lee and he will talk about his recent research on energy saving technologies. The second speaker will be Ms. Simon and she will report on how efficient our operations are in comparison with our competitors. The last speaker will be Mr. Wang, the vice president in charge of our energy saving strategies, and he will talk about what we should do in the next five years. Each presentation will be about thirty minutes followed by a short question-and-answer period. The whole session is planned to last about two hours.

設問 3 のヒント

設問 1 のヒント

設問 2 のヒント

ルール 71 選択肢の縦読みで、聞き取りのポイントをつかむ

設問 1 の選択肢には人名が並んでいるので、具体的な人名が明確に述べられている部分を狙って聞きます。設問文の the first speaker をキーワードに、効率よく聞き取りましょう。

ルール 72 「詳細情報」は選択肢を見ながら聞く

設問 2 は「会全体の時間」という「詳細情報」を問う設問です。設問文のキーワード the whole session にポイントを絞って、答えを待ちましょう。選択肢に時間を表す語句が並んでいる場合、話の中に具体的に時間を表す語句が複数出てくると予想できます。細かい情報については聞き逃したり忘れたりしがちですので、選択肢を見ながら音声を聞き、答えを聞き取ったらすぐにマークしましょう。

ルール 73 「話し手」に関する情報は、自己紹介を聞く

設問 3 は「話し手がしていること」を尋ねています。この設問は「話し手は誰か」と同じタイプの問題と言えます。自己紹介から答えのヒントが得られることが多いので、冒頭部分に注意しましょう。例題の場合も、最初の方の自己紹介で I am honored to facilitate this presentation session today. とはっきり述べられています。ここを聞き逃してしまっても、関連語句から話の内容が大まかにとらえられれば正解できる問題です。

訳 問題 1 ～ 3 は次のお知らせに関するものです。
みなさん、こんにちは。本日の集まりにご参加くださり、ありがとうございます。私の名前は Ted Rodgers で、本日のプレゼン会の進行役をさせていただくことを光栄に思っております。みなさまが本日のプレゼンをお楽しみくださることを願っております。最初の講演者は Lee 博士で、省エネ技術に関する最近の研究についてお話しします。2 人目の講演者は Simon さんで、弊社の業務が競合会社と比べてどれくらい効率的かについてご報告します。最後の講演者は弊社の省エネ戦略担当の副社長 Wang で、今後 5 年間に弊社が何をすべきかについてお話しします。各プレゼンは約 30 分で、短い質疑応答の時間が続きます。会全体は約 2 時間続く予定です。

1. 誰が最初の話し手として紹介されていますか。
   (A) **Lee 博士**
   (B) Wang さん
   (C) Rodgers さん
   (D) Simon さん

2. 会は全体でどのくらいの時間続きますか。
   (A) 30 分
   (B) **2 時間**
   (C) 1 日中
   (D) 必要なだけの時間

3. 話し手は何をしていますか。
   (A) 製品を紹介している
   (B) プレゼンの準備をしている
   (C) **プレゼン会の進行をしている**
   (D) 省エネ戦略について話している

WORDS
- last（自動 継続する）
- prepare for ～（～の準備をする）
- strategy（名 戦略）
- attend（他動 ～に出席する）
- facilitate（他動 ～の進行役をつとめる）
- competitor（名 競合会社）

UNIT 17

練習問題

音声を聞いて、次の問題に答えましょう。 

1. When is Ms. Green planning to leave for New York?

(A) June 3
(B) June 6
(C) June 9
(D) As soon as possible

2. What was Ms. Pak unable to obtain?

(A) A ticket from Los Angeles to New York
(B) A ticket from Tokyo to Los Angeles
(C) A ticket from New York to Los Angeles
(D) A ticket from Tokyo to New York

3. Why does Ms. Pak ask Ms. Green to call her?

(A) To indicate whether she wants to reserve a flight
(B) To get a discount
(C) To cancel a flight to New York
(D) To arrange accommodation

解答と解説

1.

解説 日付が問われています。leave for New York をキーワードに、ポイントを絞って聞き取ります。最初の方で I was able to reserve you a flight from Tokyo to New York leaving on June 3 と述べている部分がカギです。3 日に予約が取れたとあるので、Green さんは 6 月 3 日にニューヨークに発つ予定と考えられます。(B) の 6 月 6 日はニューヨークからロサンゼルスに移動する日です。(C)の 6 月 9 日は帰国する予定の日です。(D)の as soon as possible は最後に出てきますが、Green さんの予定とは関係ありません。

正解 (A)

2.

解説 選択肢にさまざまな便の航空券が並んでいるので、キーワードの unable to obtain に a ticket を加え、「予約できなかった便」と簡単に置き換えて聞きます。すると、I still haven't been able to reserve a direct flight from New York to Los Angeles on June 6 という発言があるので、(C)が正解とわかります。(A)のロサンゼルスからニューヨークへのフライト、(B) の東京からロサンゼルスへのフライトは、話題に出てきません。(D)の東京からニューヨークへのフライトは予約できたと述べられています。

正解 (C)

3.

解説 ask Ms. Green to call her をキーワードに聞いていくと、最後に Please call me as soon as possible and let me know if you would like to reserve the flight from New York to Los Angeles via Denver. と述べられており、(A) が正解とわかります。(B)、(D) については言及されていません。また、(C) のニューヨーク行きのフライトをキャンセルすることについても言及はありません。

正解 (A)

スクリプト

Questions 1 through 3 refer to the following telephone message.
Good morning, Ms. Green. This is Ginny Pak from Wing Travel. I would like to inform you that I was able to reserve you a flight from Tokyo to New York leaving on June 3, but I still haven't been able to reserve a direct flight from New York to Los Angeles on June 6. However, there are tickets available for a flight via Denver and the price is about the same. I haven't been able to reserve you a return flight from Los Angeles to Tokyo on June 9 either, but I think getting a seat on this flight shouldn't be such a problem as you are at the top of the waiting list. Please call me as soon as possible and let me know if you would like to reserve the flight from New York to Los Angeles via Denver.

訳 問題1～3は次の電話のメッセージに関するものです。
Green さん、おはようございます。Wing Travel の Ginny Pak です。6月3日の東京発ニューヨーク行きのフライトの予約ができましたのでお知らせします。しかし、まだ6月6日のニューヨーク発ロサンゼルス行きの直行便の予約ができていません。しかしながら、デンバー経由のフライトの切符なら入手でき、値段はほぼ同じです。6月9日のロサンゼルス発東京行きの帰りのフライトも予約がまだできていませんが、キャンセル待ち名簿の一番上にお名前がありますので、このフライトのお席を確保するのは、それほど難しくないと思います。デンバー経由ニューヨーク発ロサンゼルス行きのフライトの予約をご希望かどうか、できるだけ早くお電話でお知らせください。

1. Green さんはいつニューヨークに発つ予定ですか。
   (A) **6月3日**
   (B) 6月6日
   (C) 6月9日
   (D) できるだけ早く

2. Pak さんが入手できなかったのは何ですか。
   (A) ロサンゼルスからニューヨークまでの航空券
   (B) 東京からロサンゼルスまでの航空券
   (C) **ニューヨークからロサンゼルスまでの航空券**
   (D) 東京からニューヨークまでの航空券

3. Pak さんが Green さんに電話するように頼んでいるのはなぜですか。
   (A) **フライトを予約したいかどうか伝えるため**
   (B) 割引を受けるため
   (C) ニューヨーク行きのフライトをキャンセルするため
   (D) 宿泊の手配をするため

WORDS
- as soon as possible（できるだけ早く）
- obtain（他動 ～を入手する）
- reserve（他動 ～を予約する）
- flight（名 フライト、便）
- arrange（他動 ～を手配する）
- accommodation（名 宿泊（施設））
- via（前 ～経由で）

COLUMN

敬称について

一般的に男性に対する敬称は Mr. で既婚未婚は関係なく使うことができます。女性に対する敬称は Miss（未婚のみ）、Mrs.（既婚のみ）、Ms.（既婚・未婚ともに可）などがあります。女性の中には Miss や Mrs. などの婚姻の有無を明らかにする敬称を嫌う人もいるので、女性に対してどの敬称を使えばよいかわからない場合は Ms. が無難です。また、Dr. は博士号を持っている人に対して使う敬称で男女に関係なく使うことができます。

Part 4のルールのまとめ > 178ページを参照

UNIT 18 表現の意図を問う問題は流れを意識しよう

POINT

Part 3と同様にPart 4でも表現の意図を問う問題が出題されます。表現問題は単語や表現がわからないとピンと来ないこともあるかもしれませんが、全体の流れから判断して選択肢の中の最良のものを選びましょう。

次の例題で、実際の解き方を確認しましょう。まず、ポイントを確認しながら設問を読みましょう。

1. What is the woman mainly talking about?
(A) Discount coupons
(B) Store renovations
(C) The location of a store
(D) An upcoming sale

ルール 74
「話題」を問う問題は、選択肢から場面を想像する

2. What does the woman imply when she says, "We do apologize for the inconvenience"?
(A) She is happy to announce the renovation.
(B) She is excited to shop at the online shop.
(C) She thinks customers will be disappointed with the sale.
(D) She feels sorry for closing the store.

ルール 60
表現の意図を問う問題は意味を把握し、前後の流れを確認する

ルール 75
「何」を見るのか尋ねる問題は、具体的な説明を聞き取る

3. What are the listeners asked to look at?
(A) A bulletin board

(B) A discount coupon
(C) Plans for the renovations
(D) The online store

次に、設問の答えを探しながら、音声を聞きましょう（問題冊子にはスクリプトは印刷されていません）。 TRACK 49

スクリプト

Questions 1 through 3 refer to the following announcement.

Thank you for shopping at Sakura Mart, Pacific Heights. Please note that this store will be closed the entire month of October for renovations. We are planning to refurbish the whole store, and also to enlarge our frozen food section. Please note that while this store is closed, you will still be able to do your shopping using our online shop. Furthermore, our stores in Paddington and Herston will remain open, and we are now distributing special coupons that you can use at these two stores. Please look at the bulletin board for the directions to these two stores. There will be a special sale from November 1 to 14 to celebrate the reopening of the Pacific Heights store. We do apologize for the inconvenience, but look forward to serving you again at our Pacific Heights store from November.

設問 1 のヒント

設問 3 のヒント

設問 2 のヒント

ルール74 「話題」を問う問題は、選択肢から場面を想像する

まず、選択肢をチェックしてみると、Discount coupons（値引きクーポン）、Store renovations（お店の改装）、The location of a store（お店の場所）、An upcoming sale（次のセール）などと「お店」に関する話題であることがわかります。もう少し具体的に何について話しているのかを聞き取り、正解を選ぶ問題です。最初の方に「改装のため10月いっぱい閉店になる」と言っているところがあるので、Store renovations が答えになります。

ルール60 表現の意図を問う問題は意味を把握し、前後の流れを確認する

"We do apologize for the inconvenience" が、どのようなことを意図しているのかを問う設問です。apologize は「謝罪する」、inconvenience は「不便なこと」などの意味になります。お店が閉店するので「ご不便をおかけして申し訳ございません」とお客様に謝罪しています。選択肢の中では She feels sorry for closing the store.（お店を閉めることを悪く思う）が最も近いので、(D) が答えになります。

ルール75 「何」を見るのか尋ねる問題は、具体的な説明を聞き取る

何を見るようにと言われているかを答える問題です。これは具体的に述べられているはずです。オンラインの店舗と2つの実店舗で買い物ができると案内した後に、Please look at the bulletin board for the directions to these two stores. と言っています。したがって、A bulletin board（掲示板）が答えになります。

訳 問題1～3は次のお知らせに関するものです。
Sakura Mart、Pacific Heights 店でお買い物いただきありがとうございます。改装のため当店は10月いっぱい閉店となりますので、お知らせさせていただきます。店内全体を改装し、冷凍食品のエリアを拡大する予定です。当店の閉店期間中は、弊社のオンラインショップでもお買い物いただくことができます。また、Paddington 店と Herston 店は開店しておりますので、これら2店でご利用いただけるクーポンを配布しております。これらのお店への行き方については掲示板をご覧ください。11月1日～14日に Pacific Heights 店の再オープンを祝う特別セールを開催いたします。ご不便をおかけして申し訳ありませんが、11月から、またみなさまのお役に立てることを楽しみにしております。

1. 女性は何について主に話していますか。
   (A) 値引きクーポン
   (B) お店の改装
   (C) お店の場所
   (D) 次のセール

2. 女性が "We do apologize for the inconvenience" と言う際、何を意図していますか。
   (A) 改装についてお知らせすることをうれしく思っている。
   (B) オンラインショップで買い物することに興奮している。
   (C) お客様はセールについて失望するだろうと思っている。
   (D) 閉店することを申し訳なく感じている。

3. 聞き手は何を見るよう求められていますか。
   (A) 掲示板
   (B) 値引きクーポン
   (C) 改装計画
   (D) オンラインストア

WORDS
- upcoming sale (名 次回のセール、近づいてくるセール)
- note (他動 ～に注意する)
- renovation (名 改装)
- refurbish (他動 ～を改装する)
- enlarge (他動 ～を拡大する)
- furthermore (副 さらに)
- remain (自動 ～のままでいる)
- distribute (他動 ～を配布する)
- bulletin board (名 掲示板)
- apologize (自動 ～に謝罪する)
- inconvenience (名 不便さ〔不便をかけること〕、不都合)
- serve (他動 ～に仕える、～の役に立つ)

練習問題

音声を聞いて、次の問題に答えましょう。 

1. According to the speaker, what is happening today?

(A) Their sales report will be released.

(B) The new manager will be announced.

(C) They are holding a party.

(D) Two new people are joining the store.

2. What does the speaker mean when she says, "their sales grew quite strongly under her supervision"?

(A) May's branch is located in Tokyo.

(B) May was very successful at the Tokyo office.

(C) May's negotiation skills are very strong.

(D) May got promoted to branch manager.

3. What does the woman say about Bill Wain?

(A) He is an outstanding sales representative.

(B) He will be a great branch manager.

(C) He is teaching sales techniques.

(D) He was successful at the Tokyo branch.

解答と解説

1.

解説 今日何が起こるのかを問う問題です。最初の方で two new members が加わると述べているので、「新メンバーが 2 名加わる」が答えになります。(B) の The new manager will be announced. も該当するかもしれませんが、(D) の Two new people are joining the store. のほうが話の概要としてより適切な選択肢ですので、こちらを選びます。

正解 (D)

2.

解説 “their sales grew quite strongly under her supervision” が何を意図するのかを問う問題です。grew quite strongly は「とても強く成長した」のような意味になります。そのため、「売り上げがとても伸びた」ということになります。言い換えると、May がうまくやったということになるので、「May は東京で成功した」という (B) が正解です。

正解 (B)

3.

解説 女性が Bill について何と言っているかを尋ねる問題です。半年ごとの最優秀売上賞を過去 2 年間で 3 回も取ったと言っています。また、彼が東京支店にいたとは言っていません。また、新しい営業部長は May です。したがって、He is an outstanding sales representative.（彼は特に優れた営業担当です）が正解です。

正解 (A)

スクリプト

Questions 1 through 3 refer to the following talk.
Good morning, everyone. I’d like to introduce two new members of staff joining our store from today. First, May Ricardo, our new sales manager. She has been in charge of the sales department at the Tokyo office for the past three years. As some of you may probably know, Tokyo is our first store in Asia, and their sales grew quite strongly under her supervision.
I would also like to introduce Bill Wain. He has won our bi-annual best sales award three times in the past two years. I am sure both will be a valuable addition to our store. Let’s welcome Ms. Ricardo and Mr. Wain.

訳 問題1～3は次の話に関するものです。
みなさん、おはようございます。今日から当店のスタッフに新しく加わる2名を紹介します。最初にMay Ricardoさん、新しい営業部長です。彼女は過去3年間東京事務所の営業部で責任者をしていました。ご存知の方もいらっしゃると思いますが、東京は当社のアジアでの最初の支店です。彼女の指揮下で、売り上げもとても強力に成長しました。
あと、Bill Wainさんを紹介します。彼は過去2年間で3度も半年ごとの最優秀売上賞を受けています。私は彼ら2人が当店にとって価値のある人材になることを確信しています。さあ、RicardoさんとWainさんを歓迎してください。

1. 話し手によると、今日は何が起こりますか。
 (A) 彼らの売上報告が発表される。
 (B) 新しいマネージャーが発表される。
 (C) 彼らはパーティーをする。
 (D) 2名の新しいメンバーがその店に加わる。

2. 話し手が "their sales grew quite strongly under her supervision" と言う際、何を意図していますか。
 (A) Mayの支店は東京にあること。
 (B) Mayが東京事務所で大きな実績を上げたこと。
 (C) Mayの交渉力がとても強力なこと。
 (D) Mayは支店長に昇進したこと。

3. 女性はBill Wainについてなんと言っていますか。
 (A) 彼は特に優秀な営業担当である。
 (B) 彼は素晴らしい支店長になるだろう。
 (C) 彼は営業テクニックを教える。
 (D) 彼は東京支店で実績を上げた。

WORDS
- join（他動 ～に加わる）
- supervision（名 監督、指揮）
- bi-annual（形 半年に一度、半年ごと）
- best sales award（名 最優秀売上賞）
- valuable（形 価値ある）
- addition（名 追加）

COLUMN

表現の意図を問う問題

このタイプの問題では、リスニングで読まれるセンテンスがそのまま書いてあるので大きなヒントになります。ただし、選択肢しか読まずに設問を解けるわけではありません。たとえば、We do apologize for the inconvenience. と言っている意図を問う問題では、「何について謝罪しているのか」を聞き取る必要があります。

Part 4のルールのまとめ > 178ページを参照

UNIT 19
資料付きの問題は聞くべき内容に集中しよう

POINT

図表や短い書類などがついている問題は、見なくてはならないものが増えるので難しそうに思える反面、参考にできる情報も多くあります。**音声が流れる前に資料と設問に目を通して、聞くべき内容に集中しましょう。**

次の例題で、実際の解き方を確認しましょう。まず、ポイントを確認しながら設問を読みましょう。

Intercultural Problem Solving Workshop	
Session title	*Session time*
Orientation	9:30 - 10:20
Identifying causes of intercultural problems	10:30 - 11:30
Problem solving techniques	12:15 - 14:15
Practical Workshop	14:30 - 17:00

1. Where most likely is the speaker?
(A) In a restaurant
(B) In a seminar room
(C) At a conference hall
(D) At a bookstore

ルール 76

話し手がいる場所を問う問題は、表もヒントになる

2. What will the listeners probably be doing?

(A) Negotiate with a client

(B) Try on traditional outfits

(C) Learn presentation techniques

(D) Hold group discussions

ルール 77

聞き手が行うことを尋ねる問題は、指示や依頼の表現に注意する

3. Look at the graphic. When will the participants most likely be learning dos and don'ts in a multi-cultural situation?

(A) During Orientation

(B) During Identifying the causes

(C) During Problem solving techniques

(D) During Practical Workshop

ルール 78

表の内容について尋ねる問題は、関連しそうな発言に注意する

次に、設問の答えを探しながら、音声を聞きましょう（問題冊子にはスクリプトは印刷されていません）。

TRACK 51

スクリプト

Questions 1 through 3 refer to the following talk and program.

Good afternoon, and thank you for joining our workshop today. I am Dr. King. My research focuses on conflict and problem solving techniques. I published a book titled "Intercultural Problem Solving" last year. In this workshop, I would like you to experience a number of problem-solving processes. Now let me briefly introduce what we will be doing today. During orientation, participants will introduce themselves to each other and learn about each other's cultural background. In the next session, we will discuss techniques to identify the causes of misunderstandings, followed by problem solving techniques. We will also learn about dos and don'ts in multi-cultural situations in this session. During the workshop, you will be asked to actually try and solve problems in groups. Each group is expected to give a five-minute presentation in the last hour of the workshop.

設問 1 のヒント

設問 3 のヒント

設問 2 のヒント

ルール76 話し手がいる場所を問う問題は、表もヒントになる

表から workshop（ワークショップ、〔参加型の〕研修）の時間割であることがわかります。conference hall（会議場）はワークショップには大きすぎます。レストランや本屋で研修を行うことも考えられますが、選択肢の中で研修を行うことができる場所として最も適切なのは（B）の「セミナールーム」です。

ルール77 聞き手が行うことを尋ねる問題は、指示や依頼の表現に注意する

選択肢の中で答えになりそうなものは「プレゼンテーション技術について学ぶ」と「グループディスカッションを行う」です。終わりの方に actually try and solve problems in groups（グループごとに問題解決を練習する）というところがあります。したがって、（D）の「グループディスカッションを行う」が答えになります。

ルール78 表の内容について尋ねる問題は、関連しそうな発言に注意する

いつ "dos and don'ts"（すべきこととしてはいけないこと）について学ぶかを尋ねる問題です。しかし、時間割には "dos and don'ts" は出てきません。トークでは最初から順番に何をするかを簡単に説明しています。... followed by problem solving techniques と言った後、「このセッションで "dos and don'ts" についても学ぶ」と言っています。したがって、problem solving techniques のセッション中に学ぶことがわかります。

訳 問題1～3は次の話とプログラムに関するものです。

こんにちは。本日はワークショップにご参加いただきありがとうございます。私は King 博士です。私の研究は対立と問題の解決テクニックについてです。昨年、『異文化間の問題解決』という書籍を出版しました。本ワークショップでは、皆さまに多くの問題解決のプロセスを経験していただきたいと思います。さて、今日行う内容について簡単にご紹介させてください。オリエンテーションでは、参加者はお互いに自己紹介をして、それぞれの文化的背景について学びます。次のセッションでは、誤解の原因を突き止めるテクニックについて話し合い、その次は問題解決テクニックです。このセッションでは、多文化的状況下で「すべきこと、してはいけないこと」についても学びます。このワークショップの間、皆さんにはグループ単位で実際に問題解決を試していただきます。ワークショップの最後の1時間に、各グループは5分間のプレゼンテーションを行います。

異文化間問題解決ワークショップ	
セッション名	セッション時間
オリエンテーション	9:30-10:20
異文化間の問題の原因の特定	10:30-11:30
問題解決テクニック	12:15-14:15
実践ワークショップ	14:30-17:00

1. 話し手はどこにいると考えられますか。
   (A) レストラン
   (B) セミナールーム
   (C) 会議場
   (D) 本屋

2. 聞き手はおそらく何をするでしょうか。
   (A) 顧客と交渉する
   (B) 伝統的な衣装を試着する
   (C) プレゼンテーションのテクニックについて学ぶ
   (D) グループディスカッションを行う

3. 図表を見てください。いつ参加者は多文化的状況下ですべきこと、してはいけないことを学びますか。
   (A) オリエンテーションの間
   (B) 原因特定のセッションの間
   (C) 問題解決テクニックのセッションの間
   (D) 実践ワークショップの間

WORDS
- workshop (名 ワークショップ、〔参加型の〕研修)
- conference hall (名 会議場)
- negotiate with ～ (～と交渉する)
- try on ～ (～を試着する)
- focus on ～ (～に焦点をあてる)
- conflict (名 争い、対立)
- problem solving (名 問題解決)
- publish (他動 ～を出版する)
- titled (形 ～というタイトルの)
- intercultural (形 異文化間の)
- experience (他動 ～を経験する)
- process (名 プロセス、過程)
- participant (名 参加者)
- dos and don'ts (すべきこととしてはいけないこと)

練習問題

音声を聞いて、次の問題に答えましょう。

Results of survey

Food	4.2
Service	3.5
Price	3.0
Overall satisfaction	3.6

1. Where does the speaker most likely work?

(A) At a research institute
(B) At a food processing company
(C) At a restaurant chain
(D) At a supermarket

2. Look at the graphic. What is the actual rating for service likely to be once results from the lakeside area have been included?

(A) 3.2
(B) Less than 3.5
(C) 3.5
(D) Higher than 3.5

3. What will the speaker do next?

(A) Give out a piece of paper
(B) Lead a discussion
(C) Summarize the results
(D) Discuss more details

解答と解説

1.

解説 話し手はどこで働いているのか問われています。このような質問の答えは、具体的にどこと述べられることは、通常ありません。話を全体的に聞いて判断する必要があります。今回はレストランでの顧客満足度について話されています。話の流れからレストランが何店舗もあることがわかります。したがって（C）の「レストランのチェーン」が最も適切です。

正解 (C)

2.

解説 湖岸地域の結果を含めた場合、サービスの評価はどうなるかを尋ねる問題です。湖岸の地域のサービスの評価は特に高いと予想されると述べられています。そのため、平均値が上がると考えられるので（D）の「3.5より高くなる」が答えになります。

正解 (D)

3.

解説 話し手が次に何をするかを問う問題です。最後に Before we begin, let me distribute the worksheet to each group. と言っています。「ワークシートを配る」に最も近い選択肢は（A）の Give out a piece of paper（1枚の紙を配る）になります。

正解 (A)

スクリプト

Questions 1 through 3 refer to the following talk and data.
Today, I would like to discuss the results of our customer satisfaction survey. The survey was carried out at fifty-five of our restaurants throughout the state. The survey comprised four multiple choice questions to rate our food, service, price and overall satisfaction, and also included a free response section. The survey results indicate that customers are quite satisfied with our food. Some shops even received scores higher than 4.5. The results for overall satisfaction differed greatly by area, the lowest being 3.2. The survey results from shops in the lakeside area have not been included yet. We predict that their ratings for service will be substantially higher than the average. Today I would like everyone to discuss the survey results in groups and come up with ideas to improve our customer service ratings. Before we begin, let me distribute the worksheet to each group.

訳 問題1～3は次の話と資料に関するものです。
今日は、顧客満足度調査の結果についてお話しします。この調査は州内の55店舗の当社レストランで行ったものです。調査は食べ物、サービス、値段、全体的な満足度を評価する多項選択式の質問4つで構成され、自由回答欄も設けました。調査結果によると、お客様は食べ物には非常に満足しています。いくつかの店舗では、4.5以上の評価さえ受けました。全体的な満足度は、地域によって結果に大きく差が出ています。最低が3.2でした。湖岸地域の調査結果はまだ含まれていません。彼らのサービス評価は平均よりかなり高いと予想します。今日、全員にグループ単位で調査結果について議論していただき、当社の顧客満足度評価の向上のための案を出していただきたいと思います。始める前に、ワークシートを各グループに配布します。

調査結果

食べ物	4.2
サービス	3.5
値段	3.0
全体的な満足度	3.6

1. 話し手はどこで働いていると考えられますか。
(A) 研究機関
(B) 食品加工会社
(C) レストランチェーン
(D) スーパーマーケット

2. 図表を見てください。湖岸地域の結果を含めた場合、実際のサービス評価はどうなると考えられますか。
(A) 3.2
(B) 3.5未満
(C) 3.5
(D) 3.5より高い

3. 話し手は次に何をするでしょうか。
(A) 紙を配る
(B) 議論をリードする
(C) 結果を要約する
(D) より詳細なことを議論する

WORDS
- research institute（名 研究機関）
- food processing company（名 食品加工会社）
- summarize（他動 ～を要約する）
- customer satisfaction（名 顧客満足）
- survey（名 調査）
- carry out（実行する、行う）
- throughout（副 ～中、～の至るところに）
- comprise（他動 ～からなる）
- multiple choice question（名 多項選択式の質問）
- differ（自動 異なる）
- substantially（副 大幅に、相当）
- average（名 平均）
- come up with ～（～を思いつく）
- distribute（他動 ～を配布する）
- worksheet（名 ワークシート、用紙）

COLUMN

群動詞

come up with ～（〔アイデアなどを〕思いつく）は群動詞（句動詞）です。群動詞とは動詞と副詞や前置詞などの組み合わせでできる熟語のことです。try on も「試着する」という意味の群動詞です。群動詞は TOEIC にも非常によく出てくるので、慣れておくことが必要です。動詞や副詞、前置詞の意味から、どのような意味になるのか推測できるものもあります。

Part 4のルールのまとめ > 178ページを参照

PART 4 ルールリスト

UNIT 14 〜 19 で学習したルールをもう一度確認しましょう。Part 4 では、パッセージのタイプを意識して聞くことが大切です。自信のない項目については、しっかり復習しておきましょう。

UNIT14 「話し手」、「聞き手」、「場所」を押さえよう

□ ルール 62	設問を先読みする	CHECK > 132ページ
□ ルール 63	典型的な設問の形を頭に入れる	CHECK > 132ページ
□ ルール 64	「話し手」、「聞き手」、「場所」を押さえる	CHECK > 132ページ

UNIT15 「話題」を聞き取ろう

□ ルール 65	「話題」を聞き取る	CHECK > 140ページ
□ ルール 66	「職業」は関連語句から推測する	CHECK > 140ページ
□ ルール 67	「目的・用件」を聞き取る	CHECK > 140ページ

UNIT16 固有名詞から内容を押さえよう

□ ルール 68	広告・宣伝では固有名詞に注意する	CHECK > 148ページ
□ ルール 69	「聞き手」を推測する	CHECK > 148ページ
□ ルール 70	「方法」を聞き取る	CHECK > 148ページ

UNIT17 説明文の「詳細情報」を聞き取ろう

□ ルール 71	選択肢の縦読みで、 聞き取りのポイントをつかむ	CHECK > 156ページ
□ ルール 72	「詳細情報」は選択肢を見ながら聞く	CHECK > 156ページ
□ ルール 73	「話し手」に関する情報は、自己紹介を聞く	CHECK > 156ページ

UNIT18 表現の意図を問う問題は流れを意識しよう

□ ルール 74	「話題」を問う問題は、 選択肢から場面を想像する	CHECK > 164ページ
□ ルール 75	「何」を見るのか尋ねる問題は、 具体的な説明を聞き取る	CHECK > 164ページ

UNIT19 資料付きの問題は聞くべき内容に集中しよう

□ ルール 76	話し手がいる場所を問う問題は、 表もヒントになる	CHECK > 172ページ
□ ルール 77	聞き手が行うことを尋ねる問題は、 指示や依頼の表現に注意する	CHECK > 172ページ
□ ルール 78	表の内容について尋ねる問題は、 関連しそうな発言に注意する	CHECK > 172ページ

PART 5
短文穴埋め問題

UNIT 20 品詞問題は空所の前後から考える …… 182
UNIT 21 動詞の形は主語に注目 …… 189
UNIT 22 時制の問題を押さえよう …… 196
UNIT 23 受動態・能動態は主語との関係に注意 …… 203
UNIT 24 動名詞・不定詞・分詞を使い分けよう …… 210
UNIT 25 関係代名詞は「何を指すか」が大切 …… 217
UNIT 26 前置詞と接続詞の使い分けを押さえよう …… 224
UNIT 27 語彙問題は意味から判断 …… 231
ルールリスト …… 238

UNIT 20

品詞問題は空所の前後から考える

POINT

Part 5では、まず選択肢を見て、問題タイプを見極めることが大切です。**選択肢に同じ単語から派生した異なる品詞が並んでいる場合は、品詞の区別がポイントとなった問題です。**

次の例題のポイントを確認しながら、解き方の手順を見てみましょう。

Failure to follow the ------- outlined in the manual may result in damage to the product.

(A) instruct
(B) instructed
(C) instructions
(D) instructive

ルール 80
空所の前後から品詞を考える

ルール 79
選択肢から問題タイプを判別する

ルール 81
語尾から品詞を判別する

訳 マニュアルの指示に従わないと、製品が壊れることがあります。
(A) 他動 instruct（～を教える）の原形
(B) 他動 instruct の過去・過去分詞形
(C) **名「指示」の複数形**
(D) 形「教育的な」

WORDS □ failure（名 失敗） □ follow（他動 ～に従う） □ result in ～（～という結果になる） □ damage（名 損害） □ product（名 製品）

ルール79 選択肢から問題タイプを判別する

選択肢を見ると、instruct、instructed、instructions、instructive と、動詞 instruct の変化形や派生語が並んでいるので、正しい品詞の区別を問う問題だとわかります。

ルール80 空所の前後から品詞を考える

問題タイプがわかったら、次は空所の前後をチェックします。空所の前は冠詞 the で、後ろには outlined in the manual が続いています。the の後ろに動詞の原形は続かないので、(A) は不正解です。もう少し詳しく見ると、Failure が文の主語、may result が動詞で、to follow は主語 Failure を修飾しています。また、動詞 follow の目的語となる名詞が必要であることもわかります。したがって、正解は (C) instructions で、後ろの outlined in the manual はこの instructions を修飾しています。過去・過去分詞形 (B) instructed、形容詞 (D) instructive の場合、後ろに名詞が必要です。

【the の後ろに来る品詞パターン】
- the ＋副詞＋形容詞＋名詞
- the ＋形容詞＋名詞
- the ＋名詞

ルール81 語尾から品詞を判別する

品詞問題の場合、選択肢の語句の意味がわからなくても、文の構造や空所の前後から考え、当てはまる品詞を選べば正答できます。選択肢にわからない語があっても、あわてずに語尾から品詞や変化形を判別しましょう。
(B) の -ed は動詞の過去・過去分詞形、(C) の -tion は名詞を作る語尾です。また、(D) の -ive は形容詞を作ることが多い語尾です。

次の例題のポイントを確認しながら、解き方の手順を見てみましょう。

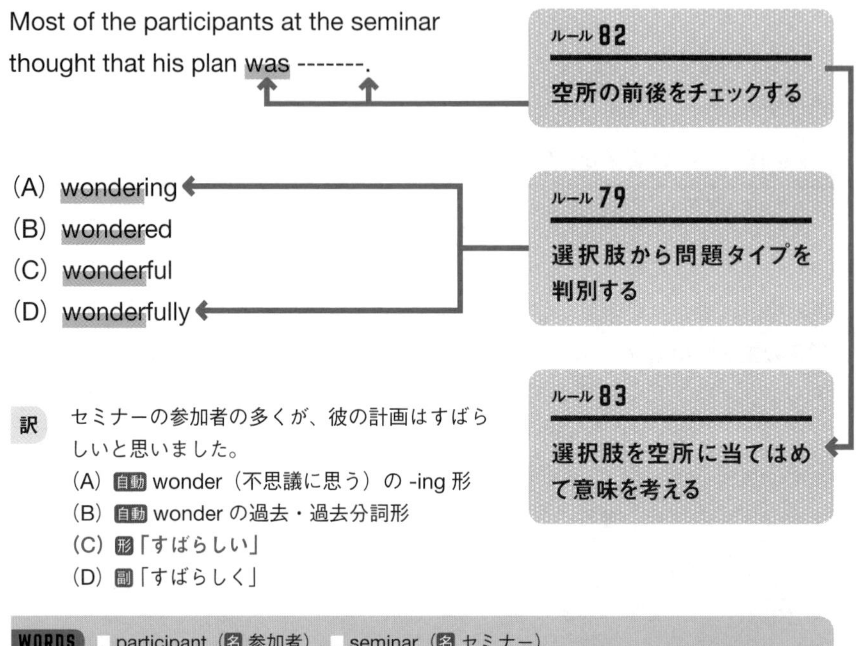

WORDS □ participant（名 参加者） □ seminar（名 セミナー）

ルール 79 選択肢から問題タイプを判別する

選択肢には、wondering、wondered、wonderful、wonderfully と、wonder の変化形や派生語が並んでいるので、品詞の区別を問う問題であることがわかります。

ルール 82 空所の前後をチェックする

空所の前は be 動詞 was で、後ろは文末のピリオドです。be 動詞につなげることができるのは、形容詞、名詞、動詞の -ing 形や -ed 形などです。(D) wonderfully は副詞で、文が成り立つには後ろに形容詞などが必要なので不適当です。

ルール 83 選択肢を空所に当てはめて意味を考える

形から考えると、(A)、(B)、(C) が入る可能性があります。このような場合は、候補となる選択肢を空所に当てはめて、意味が通るかどうかで判断しましょう。(A) wondering は was wondering で過去進行形になりますが、「彼の計画 (his plan) が不思議に思っていた」では、意味が通りません。また、wonder は直接名詞を目的語にすることはなく、wonder at ～や wonder about ～の形で使われるので、受動態の場合も wondered の後に about や at などの前置詞が必要です。問題文には、空所の後ろに at などの前置詞がないので、(B) wondered は入りません。(C) wonderful を入れれば、his plan was wonderful (彼の計画はすばらしかった) と意味が通るので、(C) が正解になります。

練習問題

次の英文の空所に当てはまる語を選びましょう。

1. All ingredients for the meals are ------- chosen by our nutritionists.

(A) cared

(B) careless

(C) careful

(D) carefully

2. This financial report was prepared by a ------- accountant.

(A) profession

(B) professional

(C) professionals

(D) professionally

3. The proposal put forward by the young engineer appeared to be more ------- than those made by bigger companies.

(A) practice

(B) practical

(C) practically

(D) practicing

解答と解説

1.

解説 選択肢には care の変化形と派生語が並んでいます。空所の前が be 動詞、後ろが過去分詞なので、受け身の過去分詞を修飾する副詞を選びます。後ろが過去分詞なので、(A) cared は入りません。形容詞は過去分詞を修飾できないので、(B) の careless と (C) の careful を入れることはできません。

正解 (D)

訳 食事の材料はすべて当社の栄養士によって注意深く選ばれています。
(A) 他動 care(〜を気にする)の過去・過去分詞形
(B) 形「不注意な」
(C) 形「注意深い」
(D) 副「注意深く」

WORDS □ ingredient(名 材料) □ meal(名 食事) □ nutritionist(名 栄養士)

2.

解説 選択肢には profession の派生語が並んでいます。空所の前には冠詞 a、後ろには名詞 accountant があるので、冠詞と名詞の間に入る形容詞 (B) professional を選びます。professional には「専門家」の意味の名詞の用法もありますが、この場合は形容詞の用法になります。「名詞+名詞」の組み合わせも可能ですが、(A) profession と (C) professionals は、accountant と結びついても意味を成しません。また、副詞の (D) professionally は名詞を修飾しません。

正解 (B)

訳 この財務報告書はプロの会計士によって作成されました。
(A) 名「職業」
(B) 形「専門職の」、名「専門家」
(C) 名「専門家」の複数形
(D) 副「専門的に」

WORDS □ financial report(名 財務報告書) □ prepare(他動 〜を用意する)
□ accountant(名 会計士)

3.

解説 選択肢には practice の変化形、派生語が並んでいます。空所の前には more、後には than があり、more ~ than ...（…より~だ）の比較表現になっています。more の後ろに入るのは形容詞、副詞、名詞なので、(D) は消去できます。問題文の主語は The proposal、動詞部分が appeared to be で、「~のように見えた」の意味を表します。したがって、空所には be 動詞に続く形、形容詞の（B）practical が入ります。また、(C) の副詞だけでは文が成り立ちません。

正解 (B)

訳 その若い技術者によって出された提案書は、大きな会社が作ったものよりも実用的に思われました。

(A) 動 practice の原形　名「実行、練習」
(B) 形「実用的な」
(C) 副「実質的に」
(D) 動 practice の -ing 形

WORDS □ proposal（名 提案書） □ appear（自動 ～に見える）

Part 5のルールのまとめ > 238ページを参照

UNIT 21
動詞の形は主語に注目

POINT

選択肢に同じ動詞の変化形が並んでいる場合は、動詞の形を問う問題です。まず空所の前後から文の構造を確認し、主語に一致する動詞の形を選びましょう。

次の例題のポイントを確認しながら、解き方の手順を見てみましょう。

Workers ------- anxious about how the new company policies will affect their working conditions.

(A) be
(B) is
(C) are
(D) was

ルール 84
文の構造を確認し、主語を探す

ルール 85
主語に一致する動詞を選択する

ルール 79
選択肢から問題タイプを判別する

訳 労働者たちは、会社の新しい方針が労働条件にどう影響するか心配しています。
(A) be 動詞の原形
(B) be 動詞の 3 人称・単数・現在
(C) be 動詞の 2 人称・1、3 人称複数・現在
(D) be 動詞の 1、3 人称・単数・過去

WORDS □ anxious (形 心配して) □ affect (他動 ～に影響する) □ policy (名 方針) □ working conditions (名 労働条件)

ルール 79 選択肢から問題タイプを判別する

選択肢を見ると、be、is、are、was と、be 動詞の変化形が並んでいるので、動詞の正しい形を選ぶ問題だとわかります。

ルール 84 文の構造を確認し、主語を探す

問題文の基本的な構造を確認し、主語を見つけましょう。例題では、空所の前の Workers が文の主語になっています。空所の後ろ anxious は形容詞で、anxious about 〜の形で「〜について心配している」の意味を表します。how 以下の部分は前置詞 about の目的語になっています。問題文には文の動詞となる部分が欠けていますので、空所には主語 Workers に対応する be 動詞が必要だとわかります。

ルール 85 主語に一致する動詞を選択する

主語は Workers で複数形なので、複数の主語に対応する（C）are が正解だとわかります。ちなみに、（A）be の場合は、前に助動詞などが必要です。（B）is と（D）was は、単数の主語に対応する形なので誤りです。

ルール 86 動詞の形を問う問題の着眼ポイントを押さえる

選択肢に並んだ動詞の種類によって、どのような点に注意して選択肢を選ぶのか、判断のポイントを確認しておきましょう。

- be 動詞… 時制、人称、単数か複数か
- 一般動詞… 現在形では単数か複数かがポイント
  過去形は単数、複数ともに同じ形

次の例題のポイントを確認しながら、解き方の手順を見てみましょう。

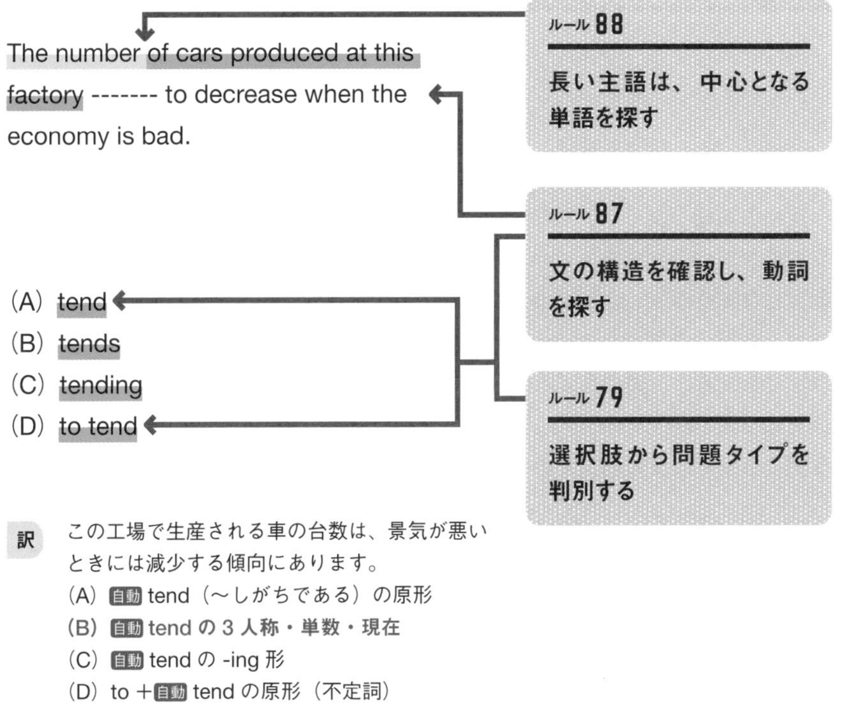

訳 この工場で生産される車の台数は、景気が悪いときには減少する傾向にあります。

(A) 自動 tend（〜しがちである）の原形
(B) 自動 tend の 3 人称・単数・現在
(C) 自動 tend の -ing 形
(D) to ＋自動 tend の原形（不定詞）

WORDS □ produce (他動 〜を生産する) □ decrease (自動 減少する) □ economy (名 経済)

ルール79 選択肢から問題タイプを判別する

選択肢を見ると、tend、tends、tending、to tend と、動詞 tend の変化形が並んでいるので、動詞の正しい形を選ぶ問題だとわかります。

ルール87 文の構造を確認し、動詞を探す

空所の前後を見ると、接続詞 when の後ろには the economy is bad という文の形が続いています。when の前も文の形になるので、文の動詞を探します。動詞となりうる produced がありますが、これは cars を修飾する過去分詞です。また、空所の直後には to decrease が続いていますが、この形では文の動詞にはなりません。このように、問題文には動詞が欠けているので、空所には文の動詞となる形（A）か（B）が入ることがわかります。（C）の -ing 形、（D）の不定詞は単独では文の動詞になりません。

ルール88 長い主語は、中心となる単語を探す

空所が文の動詞になるので、その前の部分 the number of cars produced at this factory は主語だとわかります。このように主語部分が長い場合には、中心となる語を探します。この中で中心となる語は単数形の the number なので、3人称・単数・現在の（B）tends が正解です。

ルール89 熟語にも注意する

tend は、〈tend to ＋動詞の原形〉の形で「～する傾向がある」の意味を表します。このように、選択肢の単語と空所の前後の単語で熟語が構成される場合もあり、熟語の知識が大きなヒントになります。

練習問題

次の英文の空所に当てはまる語を選びましょう。

1. One of the staff members at our branch ------- transferred to the head office in Seoul last week.

(A) be
(B) was
(C) were
(D) being

2. The executives worked hard to deal with the problems, but most still ------- unsolved.

(A) remain
(B) remains
(C) remaining
(D) to remain

3. The products that you ordered at the Internet shop yesterday ------- no longer available now.

(A) is
(B) are
(C) were
(D) be

解答と解説

1.

解説 動詞の形の問題。空所の前が長い主語になっていますが、中心になる語は One です。したがって、単数の主語に対応する（B）の was が正解です。（C）were は複数形の動詞、（A）の be と（D）の being は単独では文が成り立ちません。

正解 （B）

訳 私たちの支社のスタッフの 1 人が、先週ソウルの本社に転勤になりました。
（A）be 動詞の原形
（B）be 動詞の 1、3 人称・単数・過去
（C）be 動詞の 2 人称・1、3 人称複数・過去
（D）be 動詞の -ing 形

WORDS □ transfer（他動 ～を転勤させる） □ head office（名 本社）

2.

解説 動詞の形の問題。but 以降を見ると、most (problems) が主語となっているので、複数形の主語に一致する動詞の形（A）remain を選びます。（B）remains は単数の主語に一致します。また、（C）remaining や（D）to remain だけでは文が成り立たないので、誤りです。

正解 （A）

訳 重役たちはそれらの問題に対処すべく努力しましたが、ほとんどが未解決のままとなっています。
（A）自動 remain（～のままである）の原形
（B）自動 remain の 3 人称・単数・現在
（C）自動 remain の -ing 形
（D）to ＋自動 remain の原形（不定詞）

WORDS □ executive（名 重役） □ unsolved（形 未解決の）

3.

解説 動詞の形の問題。空所の前が長い主語になっています。主語の中心となっているのは複数形の名詞 The products で、関係詞節 that you ordered at the Internet shop yesterday が products を修飾しています。複数形の主語に一致するのは（B）are と（C）were なので、時制がポイントとなります。時を表す語は空所の前の yesterday と文末の now ですが、

yesterday は関係詞節の中にあるので、文全体の時制は now で決まります。したがって、現在時制を表す（B）are が正解になります。（A）is は単数の主語に一致するので誤り、（D）原形 be は単独では文が成り立ちません。

正解（B）

訳 あなたが昨日インターネットショップで注文した商品は、今ではもう取り扱っておりません。
（A）be 動詞の 3 人称・単数・現在
（B）be 動詞の 2 人称・1、3 人称複数・現在
（C）be 動詞の 2 人称・1、3 人称複数・過去
（D）be 動詞の原形

WORDS □ no longer ～（もはや～でない） □ available（形 入手できる）

COLUMN

パート5は時間を意識

読解問題に十分時間を残すためにも文法問題は必要最小限の時間で解くことがとても重要です。TOEIC L & R はリスニングとリーディングの 2 つのセクションで構成されていますが、リーディングについてはパート 5 ～ 7 だけではなく速読力もテスト項目に入っていると考えることができます。選択肢の前後だけ見れば解ける問題は不必要に文を読み込まず、最低限の時間で答えにたどり着くことが肝心です。

Part 5のルールのまとめ > 238ページを参照

PART 5_INCOMPLETE SENTENCES

UNIT 22
時制の問題を押さえよう

POINT

時制から動詞の形を判断する問題については、まず時を表す語句を探し、時制を判断します。**現在形は一般的な事実や習慣、現在進行形は、現在行われている最中の動作について表します。**

次の例題のポイントを確認しながら、解き方の手順を見てみましょう。

Mr. Mulligan ------- the shipment last night and kept it in the storage room.

(A) receive
(B) receives
(C) received
(D) has received

ルール 90
時制のヒントとなる情報を探す

ルール 79
選択肢から問題タイプを判別する

訳 Mulligan さんは昨晩その荷物を受け取り、収納室に保管しました。
(A) 他動 receive（～を受け取る）の原形
(B) 他動 receive の 3 人称・単数・現在
(C) 他動 receive の過去・過去分詞形
(D) has ＋他動 receive の過去分詞形（現在完了形）

WORDS □ shipment（名 荷物） □ storage room（名 収納室）

ルール79 選択肢から問題タイプを判別する

選択肢には、動詞 receive の現在形、過去形、現在完了形など、さまざまな時制が含まれているので、時制の問題とわかります。問題文の主語は Mr. Mulligan で 3 人称単数なので、ここで（A）は消去できます。

ルール90 時制のヒントとなる情報を探す

問題文の中に時制のヒントとなる情報を探すと、過去の時を表す last night（昨晩）があります。したがって、空所には過去形の（C）received が入り、「Mulligan さんは昨晩荷物を受け取った」という過去の出来事について述べる文になります。

ルール91 過去形と現在完了形の区別に注意する

現在完了形と過去形は使い分けが難しいのですが、過去形は過去の出来事や事実について表し、過去の具体的な一時点を表す語句と一緒に使われます。一方、現在完了形は、現在までの動作の完了、結果、経験、継続について表し、last night のような過去の一時点を表す語句とは結びつきません。例題の場合は、last night から、現在完了形の（D）が誤りと判断できます。このように、過去形と現在完了形は、時を表す語句から判断することができます。過去形と結びつく語句、現在完了形と結びつく語句を挙げておきますので、しっかり押さえておきましょう。

【過去形と結びつく語句】

- three years ago（3 年前）、last year（去年）、yesterday（昨日）、then（そのとき）、just now（ついさっき）

【現在完了形と結びつく語句】

- for three years（3 年間）、since 1980（1980 年以来）、just（ちょうど今）

UNIT 22

次の例題のポイントを確認しながら、解き方の手順を見てみましょう。

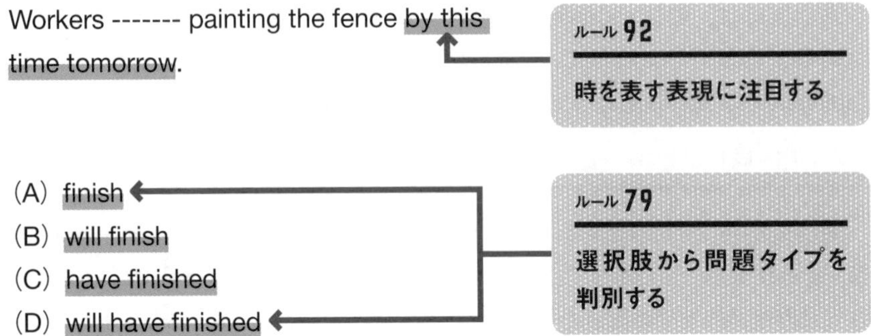

訳　作業員たちは明日のこの時間までにはフェンスのペンキ塗りを終えていることでしょう。
(A) 他動 finish（～を終える）の原形
(B) will +他動 finish の原形（未来形）
(C) have +他動 finish の過去分詞形（現在完了形）
(D) will have +他動 finish の過去分詞形（未来完了形）

ルール79 選択肢から問題タイプを判別する

選択肢を見ると、finish、will finish、have finished、will have finished と、いろいろな時制が並んでいますので、時制がポイントとなっていることがわかります。

問題文の主語は Workers と複数形になっていますが、どの選択肢も複数形の主語に一致するので、主語と動詞の一致は決め手になりません。

ルール92 時を表す表現に注目する

時制のヒントを探すと、文末に by this time tomorrow（明日のこの時間までに）という「未来の一時点まで」を表す表現があります。

（A）finish を入れると現在形、（C）have finished を入れると現在完了形になりますので、未来を表す by this time tomorrow と時制がかみ合いません。

ルール93 未来形と未来完了形の区別に注意する

（B）will finish は未来形、（D）will have finished は未来完了形を作りますが、by this time tomorrow は「未来の期限」を表すため、未来完了形と結びつきます。単に未来を表す tomorrow（明日）であれば、未来形の（B）になりますが、例題では by this time がついているので、「未来の一時点までに何かが行われる」の意味になる未来完了形の（D）が正解となります。

練習問題

次の英文の空所に当てはまる語を選びましょう。

1. The company ------- operating in the area since its foundation in 1970.

(A) has

(B) has been

(C) was

(D) will be

2. Most participants ------- to a presentation given by a researcher from Chicago at the moment.

(A) listen

(B) listening

(C) is listening

(D) are listening

3. Mr. Sullivan ------- thirty-five years old when he moved to London.

(A) is

(B) was

(C) has been

(D) had been

解答と解説

1.

解説 時制を問う問題。時を表す語句 since its foundation から、現在完了進行形〈has / have been ＋ -ing 形〉になる（B）を選びます。（A）has は後ろの operating とつながりません。（C）was は過去進行形になりますが、since ～の部分と時制がかみ合いません。（D）will be は未来を表すので不適当です。

正解（B）

訳 1970 年の創業以来、その会社はその地域で営業しています。
（A）他動 have（～を持つ）の 3 人称・単数・現在
（B）has ＋ be 動詞の過去分詞（現在完了）
（C）be 動詞の 1、3 人称・単数・過去
（D）will ＋ be 動詞の原形（未来形）

WORDS □ operate（自動 営業する） □ foundation（名 創立）

2.

解説 Most participants が主語なので、複数形に一致する動詞を選びます。また、時を表す表現 at the moment（ちょうど今）があるので、現在進行形を選びます。（A）現在形の listen は at the moment と合いません。（B）listening では文が成り立ちません。（C）is listening は複数形の主語 Most participants に一致しません。

正解（D）

訳 ちょうど今、ほとんどの参加者たちはシカゴから来た研究者のプレゼンを聞いています。
（A）自動 listen（聞く）の原形
（B）自動 listen の -ing 形
（C）is ＋自動 listen の -ing 形（現在進行形）
（D）are ＋自動 listen の -ing 形（現在進行形）

WORDS □ participant（名 参加者） □ presentation（名 プレゼン） □ researcher（名 研究者）

3.

解説 when 以下の節が過去の一時点を示しているので、過去形の（B）を選びます。（C）has been と（A）is は、when 節の時制と一致しないので、不正解です。（D）過去完了の had been は、引っ越したという過去の時

点より前のことを述べる表現です。ここでは引っ越した時点での年齢について述べているので、不適当です。

正解 (B)

訳 ロンドンに引っ越したとき、Sullivan さんは 35 歳でした。
(A) be 動詞の 3 人称・単数・現在
(B) be 動詞の 1、3 人称・単数・過去
(C) has + be 動詞の過去分詞（現在完了形）
(D) had + be 動詞の過去分詞（過去完了形）

WORDS ■ move to ～（～に引っ越す）

COLUMN

人を意味する単語

TOEIC では職業や役割の名前などがよくでてきます。いくつか例を紹介します

職場　：worker「労働者」、employee「従業員」、employer「雇用主」
会計　：bookkeeper「簿記係」、accountant「会計士」、auditor「監査役」
法律　：lawyer「弁護士」、attorney「弁護士」、prosecutor「検事」
講座　：instructor「講師」、facilitator「進行役、講師」、participant「参加者」、attendee「出席者」、audience「聴衆」
その他：investor「投資家」、shareholder「株主」、stakeholder「関係者」

Part 5のルールのまとめ > 238ページを参照

UNIT 23
受動態・能動態は主語との関係に注意

POINT

受動態と能動態の区別がポイントとなる問題もよく出題されます。**空所の前後をよく見て、主語と動詞部分との関係がとらえられれば解ける問題ですので、主語が「～する」なのか「～される」なのか意味をよく考えましょう。**

次の例題のポイントを確認しながら、解き方の手順を見てみましょう。

Even though a team of police investigators ------- the room carefully for a long time, nothing was found.

(A) searched
(B) was searched
(C) searching
(D) searches

ルール 94
空所の前後から文の構造を確認する

ルール 90
時制のヒントとなる情報を探す

ルール 79
選択肢から問題タイプを判別する

訳 警察の捜査チームが、その部屋を長時間にわたって注意深く捜索したにもかかわらず、何も見つかりませんでした。
(A) 他動 search（～を捜索する）の過去・過去分詞形
(B) was ＋他動 search の過去分詞形（受動態・過去）
(C) 他動 search の -ing 形
(D) 他動 search の 3 人称・単数・現在

WORDS □ even though ～（～にもかかわらず） □ investigator（名 捜査官）

ルール79 選択肢から問題タイプを判別する

選択肢には、searched、was searched、searching、searchesと、動詞searchのさまざまな形が並んでいます。詳しく見ると、(B) は受動態〈be動詞＋過去分詞形〉なので、受動態・能動態の区別を問う問題だとわかります。

ルール94 空所の前後から文の構造を確認する

空所の前のa team of police investigators（警察の捜査チーム）は主語で、後ろに名詞the roomが続いていることから、問題文には動詞が欠けていると考えられます。つまり、空所部分は文の動詞となり、the roomがその目的語になると考えられます。したがって、空所には (A) searchedあるいは (D) searchesが入り、「警察の捜査チームが部屋を捜索する（した）」の意味になります。searchは目的語を1つしか取らないので、受動態になる時は、後ろに目的語が来ることはありません。したがって、(B) の受動態は消去できます。主語との関係を考えても「捜査チームが捜索された」では意味が通りません。また、(C) のsearchingは、単独で文を構成することができません。

ルール90 時制のヒントとなる情報を探す

(A) searchedと (D) searchesはどちらも能動態なので、時制から正解を判断します。時制のヒントとなる情報を探すと、コンマの後に過去形で表されたnothing was found（何も見つからなかった）があります。時の流れは「捜索した」→「何も見つからなかった」の順になるので、現在時制の (D) は不適当。過去形の (A) searchedが正解とわかります。

次の例題のポイントを確認しながら、解き方の手順を見てみましょう。

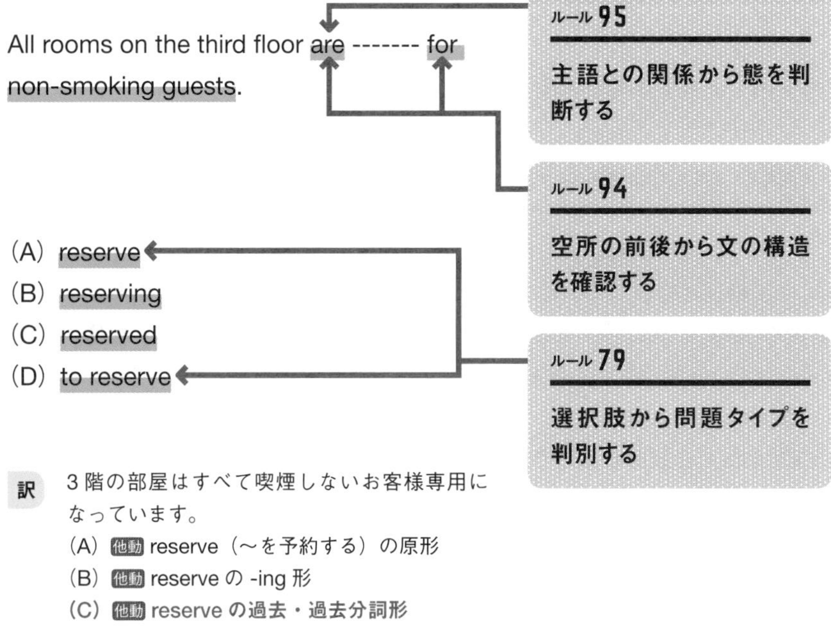

訳 3階の部屋はすべて喫煙しないお客様専用になっています。

(A) 他動 reserve（～を予約する）の原形
(B) 他動 reserve の -ing 形
(C) 他動 reserve の過去・過去分詞形
(D) to ＋他動 reserve の原形（不定詞）

WORDS □ non-smoking（形 禁煙の、タバコを吸わない）

ルール79 選択肢から問題タイプを判別する

選択肢を見ると、reserve、reserving、reserved、to reserve と、動詞 reserve のさまざまな形が並んでいることから、動詞の正しい形を選ぶ問題であることがわかります。

ルール94 空所の前後から文の構造を確認する

空所の前には be 動詞 are があるので、be 動詞とうまくつながる形を選びます。be 動詞と結びつくのは、-ing 形、過去分詞形、to ＋動詞の原形です。be 動詞＋ -ing 形は進行形、be 動詞＋過去分詞は受動態を作ります。原形の（A）reserve は be 動詞につなげられないので、消去できます。また、空所の後ろには目的語となる名詞はありません。reserve は「～を取っておく」の意味の他動詞で目的語を必要とするので、（D）to reserve や、能動態の進行形を作る（B）reserving では文が成り立ちません。

ルール95 主語との関係から態を判断する

選択肢の動詞が目的語を必要とするかどうかわからない場合には、主語との関係から判断しましょう。候補となる選択肢を空所に入れて、意味が成り立つかどうか確認してみます。

例題では、（B）reserving を入れて進行形にすると、「部屋が取っている」になり、意味が通りません。一方、（C）reserved を入れて受け身にすれば、「部屋はすべて取っておかれている」→「確保されている」と、意味が通るので、（C）が正解とわかります。また、（D）は〈be to ＋動詞の原形〉の形を作り「～する予定である」の意味を表しますが、空所に当てはめると「部屋が取っておく予定だ」となり、意味が通りません。

練習問題

次の英文の空所に当てはまる語を選びましょう。

1. The company was ------- in 1965 and operated the first oil refinery in the state.

(A) establish
(B) establishes
(C) established
(D) establishing

2. A new issue arose while the participants were ------- the costs.

(A) discuss
(B) discussing
(C) discussed
(D) discusses

3. All wines at this winery are ------- under the supervision of Mr. Ockley.

(A) produce
(B) produced
(C) producing
(D) to produce

解答と解説

1.

解説 動詞の形の問題。空所の前のbe動詞wasに、原形（A）establishや3単現（B）establishesを続けることはできません。establishは他動詞で目的語が必要なので、（D）establishingを入れて過去進行形にしても、「会社が設立していたところだ」で、意味が通りません。establishedを入れて受動態にすると、「その会社は設立された」と意味が通るので、（C）が正解です。

正解 (C)

訳 その会社は1965年に設立され、その州で最初の精油所を経営しました。
(A) 他動 establish（～を設立する）の原形
(B) 他動 establishの3人称・単数・現在
(C) 他動 establishの過去・過去分詞形
(D) 他動 establishの-ing形

WORDS □ oil refinery（名 精油所）

2.

解説 動詞の形の問題。while以降の形を見ると、the participantsが主語、the costsが目的語と考えられます。空所の前にbe動詞wereがあるので、原形（A）discussや3単現（D）discussesは入りません。空所の後ろに目的語となる名詞the costsがあるので、受動態を作る（C）discussedは入りません。（B）discussingを入れて過去進行形にすれば、「参加者たちがコストについて議論している間に」となり、意味が通ります。

正解 (B)

訳 参加者たちがコストについて議論している間に、新しい問題が起こりました。
(A) 他動 discuss（～を議論する）の原形
(B) 他動 discussの-ing形
(C) 他動 discussの過去・過去分詞形
(D) 他動 discussの3人称・単数・現在

WORDS □ issue（名 問題） □ arise（自動 起こる） □ cost（名 費用）

3.

解説 動詞の形の問題。All wines が主語で、空所の前には be 動詞 are があります。be 動詞 are の後ろには、原形（A）produce は入れられません。produce（～を生産する）は目的語を必要としますが、空所の後ろに目的語となる名詞がないので、（C）producing と（D）to produce は入りません。意味を考えると、主語 all wines は動詞 produce の対象となるので、「ワインは生産される」の意味の受動態になると推測できます。したがって、（B）が正解。

正解 （B）

訳 このワイナリーのワインはすべて、Ockley さんの監督のもとに生産されます。
（A）他動 produce（～を生産する）の原形
（B）他動 produce の過去・過去分詞形
（C）他動 produce の -ing 形
（D）to ＋他動 produce の原形（不定詞）

WORDS
- winery（名 ワイナリー、ワイン醸造所）
- under the supervision of ～（～の監督下で）

UNIT 23

Part 5のルールのまとめ > 238ページを参照

UNIT 24

動名詞・不定詞・分詞を使い分けよう

POINT

選択肢に不定詞〈to +動詞の原形〉や、動詞の -ing 形・過去分詞形が並んでいる場合、動名詞や不定詞、分詞の使い分けがポイントになります。
分詞は、修飾する語との関係で形が決まります。

次の例題のポイントを確認しながら、解き方の手順を見てみましょう。

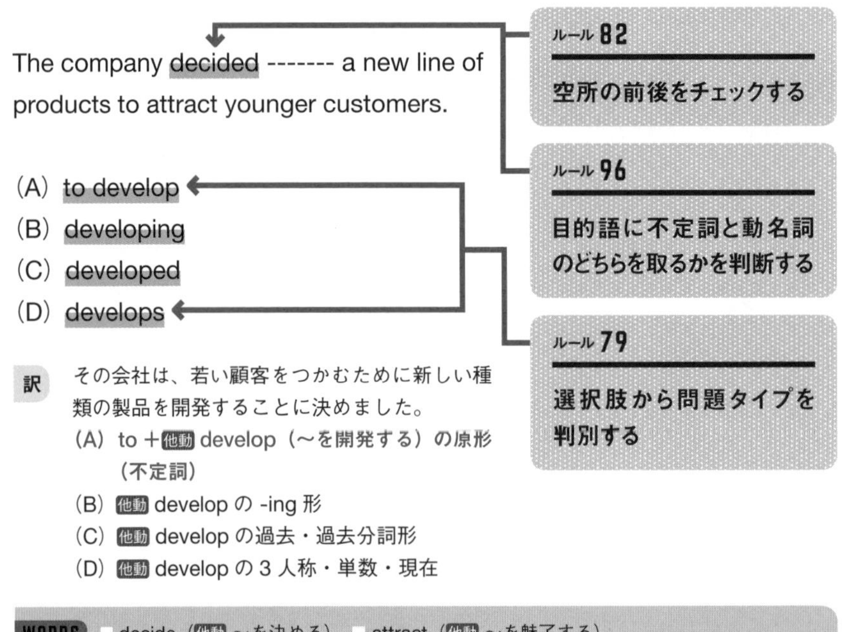

The company decided ------- a new line of products to attract younger customers.

(A) to develop
(B) developing
(C) developed
(D) develops

訳 その会社は、若い顧客をつかむために新しい種類の製品を開発することに決めました。
(A) to +他動 develop（～を開発する）の原形（不定詞）
(B) 他動 develop の -ing 形
(C) 他動 develop の過去・過去分詞形
(D) 他動 develop の 3 人称・単数・現在

WORDS □ decide（他動 ～を決める） □ attract（他動 ～を魅了する）

ルール79 選択肢から問題タイプを判別する

選択肢を見ると、to develop、developing、developed、develops と、動詞 develop のさまざまな形が並んでいるので、動詞の正しい形を選ぶ問題であることがわかります。

ルール82 空所の前後をチェックする

空所の前には動詞の過去形 decided があるので、decide と空所の語がどのようにつながるかがポイントになります。decide は「～を決める」という意味の他動詞で、後ろに目的語が必要です。選択肢の中で目的語にできそうなもの、つまり名詞と同じ働きをするのは、不定詞の（A） to develop と動名詞の（B） developing です。

ルール96 目的語に不定詞と動名詞のどちらを取るかを判断する

他動詞は、名詞の働きをする不定詞や動名詞を、目的語として取ることができます。しかしながら、不定詞と動名詞のどちらでもいいわけではなく、動詞によってどちらを取るかが決まっています。例題の動詞 decide は、後ろに不定詞を取って「～することを決める」の意味を表します。したがって、（A） to develop が正解になります。

UNIT 24

ルール97 動詞の用法を押さえる

目的語に不定詞と動名詞のどちらを取るかなど、動詞の語法が問われる問題の場合、用法がわからないと正解できません。不定詞を取る動詞、動名詞を取る動詞の代表的なものを押さえておきましょう。

【不定詞を取る動詞】
- agree、refuse、promise、fail、happen、learn、tend、decide、want、wish、hope、pretend、hesitate など。

【動名詞を取る動詞】
- admit、enjoy、avoid、finish、keep、deny、suggest、consider など。

次の例題のポイントを確認しながら、解き方の手順を見てみましょう。

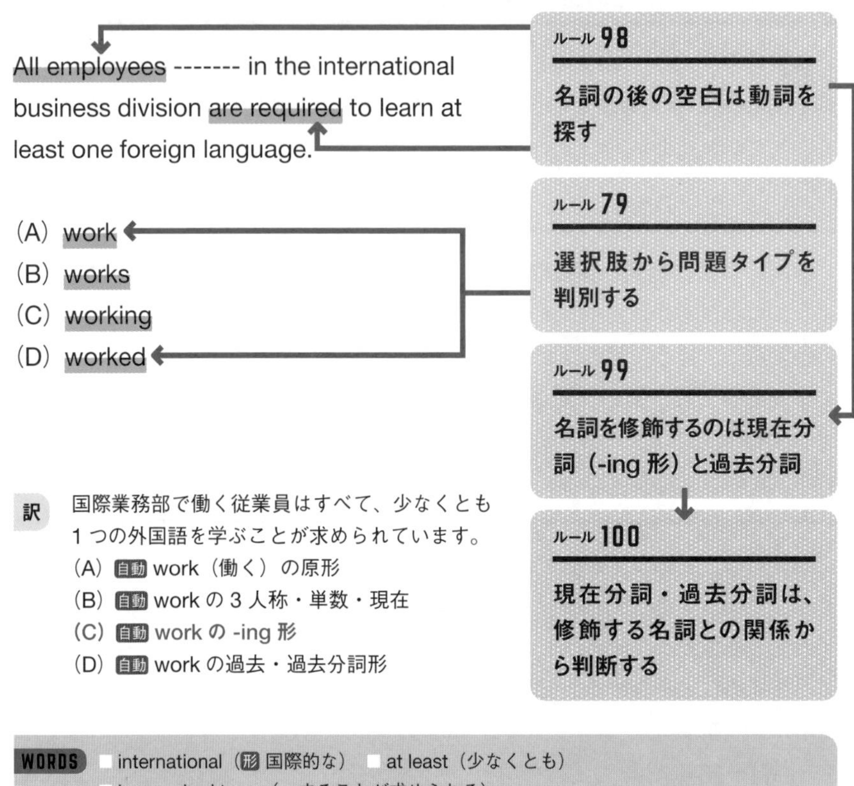

訳　国際業務部で働く従業員はすべて、少なくとも1つの外国語を学ぶことが求められています。
(A) 自動 work（働く）の原形
(B) 自動 work の 3 人称・単数・現在
(C) 自動 work の -ing 形
(D) 自動 work の過去・過去分詞形

WORDS □ international（形 国際的な）□ at least（少なくとも）
□ be required to ～（～することが求められる）

ルール79 選択肢から問題タイプを判別する

選択肢を見ると、work、works、working、worked と、動詞 work のさまざまな形が並んでいるので、動詞の正しい形を選ぶ問題であることがわかります。

ルール98 名詞の後の空白は動詞を探す

このように文頭の名詞が来る場合はまずその名詞が主語になるのか確認します。are required とつながるような文にする必要があります。そうすると、All employees work / worked のように、ここを主語と動詞にしてしまうと後ろとつながらなくなってしまいます。

ルール99 名詞を修飾するのは現在分詞(-ing形)と過去分詞

All employees から are required の前までが主語なので、------- in the international business division の部分は、全体で All employees を修飾していると考えられます。名詞を修飾することができるのは、(C) working の現在分詞と (D) worked の過去分詞です。(A) work と (B) works は名詞を修飾することはできません。

ルール100 現在分詞・過去分詞は、修飾する名詞との関係から判断する

修飾する名詞と分詞の関係が「～が…する」の能動の意味になっている場合は、現在分詞を使います。また、「～が…される」の受け身の意味になっている場合は、過去分詞を使います。

例題では、All employees と work が「従業員が働く」という能動の意味関係になっているので、(C) の working が入ります。空所に working を入れて確認すると、「国際業務部で働いている従業員」になり、意味が通ります。

練習問題

次の英文の空所に当てはまる語を選びましょう。

1. Many of the attendees were interested in ------- more about communication skills.

(A) learn
(B) to learn
(C) learning
(D) learned

2. The manager decided ------- some of the upcoming sales promotion events.

(A) to cancel
(B) cancelling
(C) cancelled
(D) cancellation

3. The RT103 is an innovative robot cleaner ------- by a university student.

(A) invent
(B) invented
(C) inventing
(D) to invent

解答と解説

1.

解説 動詞の形の問題です。空所の前に前置詞 in があるので、前置詞に続けることのできる動名詞(C)learning を選びます。原形(A)learn、不定詞(B) to learn、過去・過去分詞形(D) learned は、いずれも前置詞につなげることはできません。

正解 (C)

訳 出席者の多くは、コミュニケーション技術についてもっと学ぶことに興味を持っていました。
(A) 他動 learn(～を学ぶ)の原形
(B) to +他動 learn の原形(不定詞)
(C) 他動 learn の -ing 形
(D) 他動 learn の過去・過去分詞形

WORDS □ attendee(名 出席者) □ be interested in ～(～に興味がある) □ skill(名 技術)

2.

解説 動詞の形の問題です。空所の前に動詞 decide があるので、これに続く形を選びます。decide は、目的語に不定詞を取るので、(A) to cancel を選びます。(B)cancelling、(C)cancelled は decide にはつながりません。また、名詞(D) cancellation は空所の後ろの some of the upcoming sales promotion events とつながらないので、不適当。

正解 (A)

訳 その部長は今度の販促イベントのうちのいくつかを中止することを決めました。
(A) to +他動 cancel(～を中止する)の原形(不定詞)
(B) 他動 cancel の -ing 形
(C) 他動 cancel の過去・過去分詞形
(D) 名「中止」

WORDS □ upcoming(形 今度の) □ sales promotion event(名 販促イベント)

3.

解説 動詞の形の問題。空所の前には名詞 robot cleaner、後ろには by a university student が続いています。空所の前は The RT03 is an innovative robot cleaner と、完全な文になっているので、空所には名詞 robot cleaner を後ろから修飾する形(B)か(C)が入ります。an

UNIT 24

innovative robot cleaner と invent（～を発明する）は「～が発明される」と受け身の関係になるので、過去分詞（B）invented を選びます。また、空所の後ろの by ～は発明した人を示しています。不定詞（D）も前の名詞を修飾することができますが、「発明するためのロボット掃除機」では意味が通りません。

正解（B）

訳 RT103 は、ある大学生によって発明された革新的なロボット掃除機です。

（A）他動 invent（～を発明する）の原形

（B）他動 **invent の過去・過去分詞形**

（C）他動 invent の -ing 形

（D）to ＋他動 invent の原形（不定詞）

WORDS □ innovative（形 革新的な）

Part 5のルールのまとめ > 238ページを参照

UNIT 25
関係代名詞は「何を指すか」が大切

POINT

選択肢に who[m]、which、what、whose、that などの語が並んでいる場合は、正しい関係代名詞を選ぶ問題です。**関係代名詞の問題では、まず関係代名詞が指す名詞（先行詞）を探しましょう。**

次の例題のポイントを確認しながら、解き方の手順を見てみましょう。

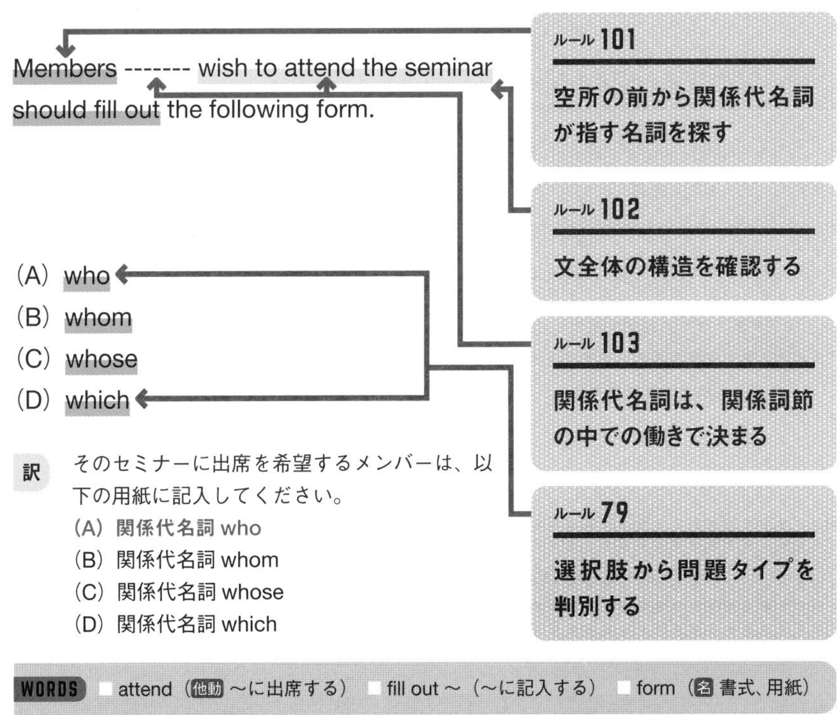

訳 そのセミナーに出席を希望するメンバーは、以下の用紙に記入してください。
(A) 関係代名詞 who
(B) 関係代名詞 whom
(C) 関係代名詞 whose
(D) 関係代名詞 which

WORDS □ attend（他動 ～に出席する） □ fill out ～（～に記入する） □ form（名 書式、用紙）

ルール79 選択肢から問題タイプを判別する

選択肢を見ると、who、whom、whose、which が並んでいるので、関係代名詞の問題だとわかります。

ここで、関係代名詞の用法を確認しておきましょう。

- who…人を受ける。主語「～が、は」、目的語「～を、に」の働き。
- whom…人を受ける。目的語の働き。
- which…物を受ける。主語、目的語の働き。
- that…人と物の両方を受ける。主語、目的語の働き。
- whose…人と物の両方を受ける。所有「～の」の意味を表す。
- what（= the thing(s) which）…先行詞を含む。主語、目的語の働き。

ルール101 空所の前から関係代名詞が指す名詞を探す

正しい関係代名詞を選ぶ問題なので、関係代名詞が指す名詞（先行詞）を、空所の前から探します。例題では、空所の直前に名詞 Members があり、空所の関係代名詞は人を表す名詞 Members を指すと考えられるので、この段階で物を表す関係代名詞（D）which は消去できます。

ルール102 文全体の構造を確認する

問題文の構造を確認すると、問題文の主語は Members で、Members ～ should fill out the following form. の部分で完全な文が成り立つので、動詞は should fill out であるとわかります。したがって、空所から seminar までが、名詞 Members を修飾する関係詞節と考えられます。

ルール103 関係代名詞は、関係詞節の中での働きで決まる

問題となっている関係詞節は ------- wish to attend the seminar で、主語が欠けています。したがって、空所には主語の働きをする関係代名詞（A）who が入るとわかります。（B）whom は目的語の働きをするので、ここには入りません。また、wish には名詞の用法もあるので、（C）whose の可能性もありますが、whose wish to attend では動詞がないので節を構成できません。

次の例題のポイントを確認しながら、解き方の手順を見てみましょう。

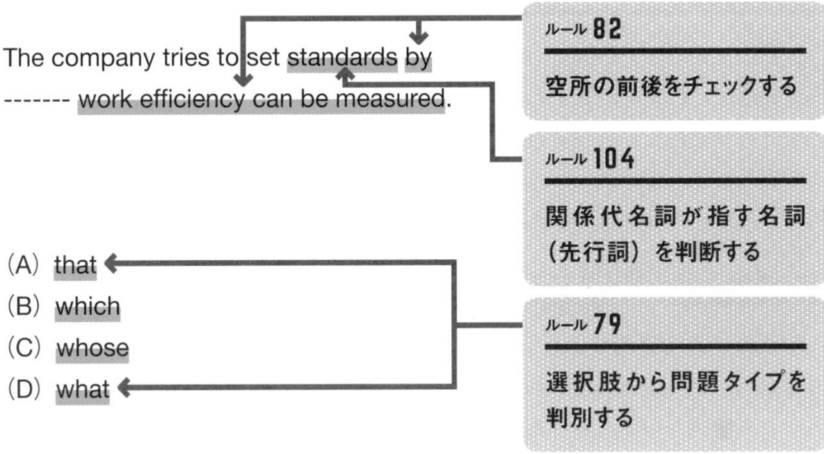

訳 その会社は作業効率を測ることのできる基準を定めようとしています。
(A) 関係代名詞 that
(B) 関係代名詞 which
(C) 関係代名詞 whose
(D) 関係代名詞 what

WORDS □ standard（名 基準） □ efficiency（名 効率） □ measure（他動 ～を測る）

UNIT 25

ルール79 選択肢から問題タイプを判別する

選択肢を見ると、that、which、whose、what が並んでいるので、関係代名詞の問題だとわかります。that は、人や物を指し、主語・目的語の働きをします。which は物を指し、主語・目的語の働きをします。whose は人や物を指し、所有を表します。また、what は主語・目的語の働きをする関係代名詞ですが、先行詞を含むという点に特徴があります。

ルール82 空所の前後をチェックする

空所の前後を確認すると、空所の前には前置詞 by があり、後ろには work efficiency can be measured という完全な文の構造が続いています。(A) の that は前置詞からつながらないので、消去できます。

ルール104 関係代名詞が指す名詞（先行詞）を判断する

問題文の構造を見ると、前半の The company tries to set standards で完全な文になっており、by から文末の measured までが、関係詞節になっています。by の前には standards という名詞があり、空所の関係代名詞の先行詞と考えられます。したがって、先行詞を含む (D) what は消去できます。また、先行詞とのつながりから考えると、ここに by があると whose を入れることはできません。また、意味的にも不自然です。関係詞節 by ------- work efficiency can be measured は、「～によって作業効率が測られる」の意味で、standards を入れれば、「基準によって作業効率が測られる」と意味が通ります。したがって、空所には物を指す関係代名詞 (B) which が入ります。

練習問題

次の英文の空所に当てはまる語を選びましょう。

1. The researchers ------- received an award at the conference gave a speech on their project.

(A) who
(B) whose
(C) whom
(D) which

2. The company announced that it will focus on developing technologies ------- can improve overall efficiency at the plant.

(A) who
(B) whose
(C) what
(D) that

3. The manager with ------- we discussed the contract was concerned about legal issues.

(A) whose
(B) that
(C) whom
(D) which

解答と解説

1.

解説 関係代名詞の問題。空所の関係代名詞は直前の The researchers を指しています。関係詞節は ------- received an award at the conference までで、主語が欠けています。したがって、人を指し、主語の働きをする（A）who が正解になります。

正解 (A)

訳 その会議で受賞した研究者たちは、自分たちのプロジェクトについてスピーチをしました。
（A）関係代名詞 who
（B）関係代名詞 whose
（C）関係代名詞 whom
（D）関係代名詞 which

WORDS □ researcher（名 研究者） □ award（名 賞） □ conference（名 会議）

2.

解説 関係代名詞の問題。空所の関係代名詞は直前の technologies を指しています。空所以降の関係詞節 ------- can improve overall efficiency at the plant には主語が欠けています。したがって、物を受け、主語の働きをする（D）that を選びます。

正解 (D)

訳 その会社は、工場の全体的な効率を向上させうる技術を開発することに重点を置くと発表しました。
（A）関係代名詞 who
（B）関係代名詞 whose
（C）関係代名詞 what
（D）関係代名詞 that

WORDS □ announce（他動 ～を発表する） □ focus on ～（～に集中する、重点を置く）
□ efficiency（名 効率）

3.

解説 関係代名詞の問題。空所の関係代名詞は文頭の名詞 The manager を指しています。空所の後ろは代名詞 we なので、(A) whose は入りません。また、空所の前には with があるので、前置詞からつなげることのできない (B) that は消去できます。人を指し、前置詞からつながる (C) whom が正解になります。

正解 (C)

訳 契約について私たちが話し合った部長は、法的問題について心配していました。
(A) 関係代名詞 whose
(B) 関係代名詞 that
(C) 関係代名詞 whom
(D) 関係代名詞 which

WORDS □ concerned (形 心配している) □ legal (形 法律の) □ issue (名 問題〔点〕)

COLUMN

食べ放題

all-you-can-eat restaurant「食べ放題のレストラン」などのように、ハイフンでつないで 1 つの形容詞とするものがありますが、これはもともとは関係代名詞表現です。all that you can eat の that が省略されたものと考えると良いです。「あなたが食べられるだけ」という意味になるので、日本語の「食べ放題」と同じ意味になります。eat を drink に変え all-you-can-drink とすると「飲み放題」の意味になります。

Part 5のルールのまとめ > 238ページを参照

UNIT 26
前置詞と接続詞の使い分けを押さえよう

POINT

Part 5では、前置詞と接続詞の区別を問う問題がよく出題されます。**前置詞は後ろに名詞が続き、接続詞は後ろに文の形が続くことを覚えておきましょう。また、意味からの判断が必要な場合は、空所の前後のつながりに注意しましょう。**

次の例題のポイントを確認しながら、解き方の手順を見てみましょう。

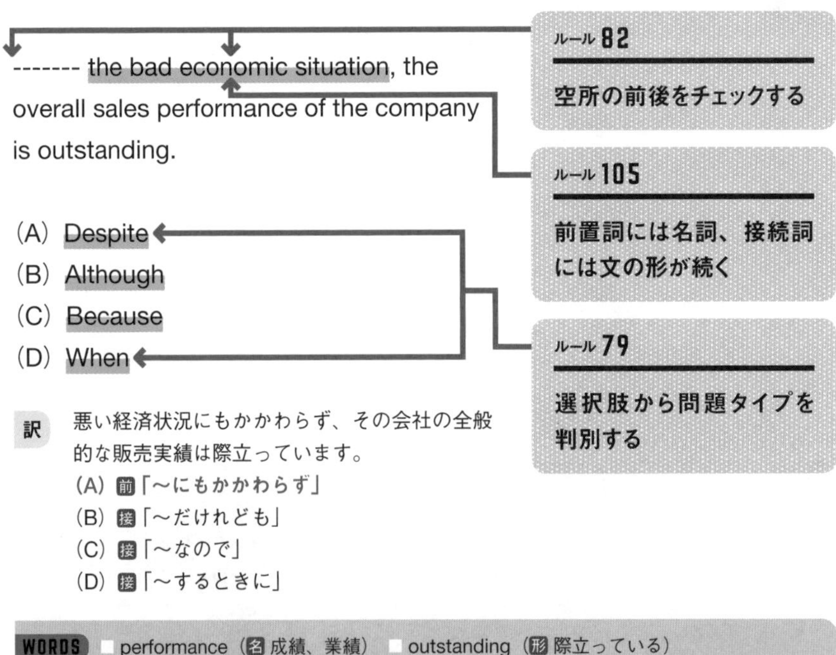

訳 悪い経済状況にもかかわらず、その会社の全般的な販売実績は際立っています。
(A) 前「～にもかかわらず」
(B) 接「～だけれども」
(C) 接「～なので」
(D) 接「～するときに」

WORDS □performance（名 成績、業績） □outstanding（形 際立っている）

ルール 79 選択肢から問題タイプを判別する

選択肢を見ると、Despite、Although、Because、When が並んでいるので、前置詞と接続詞の問題だとわかります。(A) Despite は前置詞、(B) Although、(C) Because、(D) When は接続詞です。

ルール 82 空所の前後をチェックする

空所の前後を確認します。文頭に空所があるため、前には何もありません。後ろには the bad economic situation（悪い経済状況）という名詞句が続き、その後にコンマと文が続いています。

ルール 105 前置詞には名詞、接続詞には文の形が続く

空所の後ろに the bad economic situation という名詞句が続いていることから、空所には前置詞 (A) Despite が入ると判断できます。Despite を入れると「悪い経済状況にもかかわらず」となり、意味も通ります。(B) Although、(C) Because、(D) When は接続詞で、後ろには the economic situation is bad のような文の形が続かなければなりません。したがって、空所に入れることはできません。

ルール 106 前置詞と接続詞を押さえる

前置詞と接続詞には意味が似ていて紛らわしいものが多いので、しっかり使い分けができるようにしておきましょう。

【理由】

- 前置詞：because of ～（～のため）、due to ～（～が原因で）
- 接続詞：because / since（～なので）

【譲歩】

- 前置詞：despite / in spite of ～（～にもかかわらず）
- 接続詞：although / though（～だけれども）

次の例題のポイントを確認しながら、解き方の手順を見てみましょう。

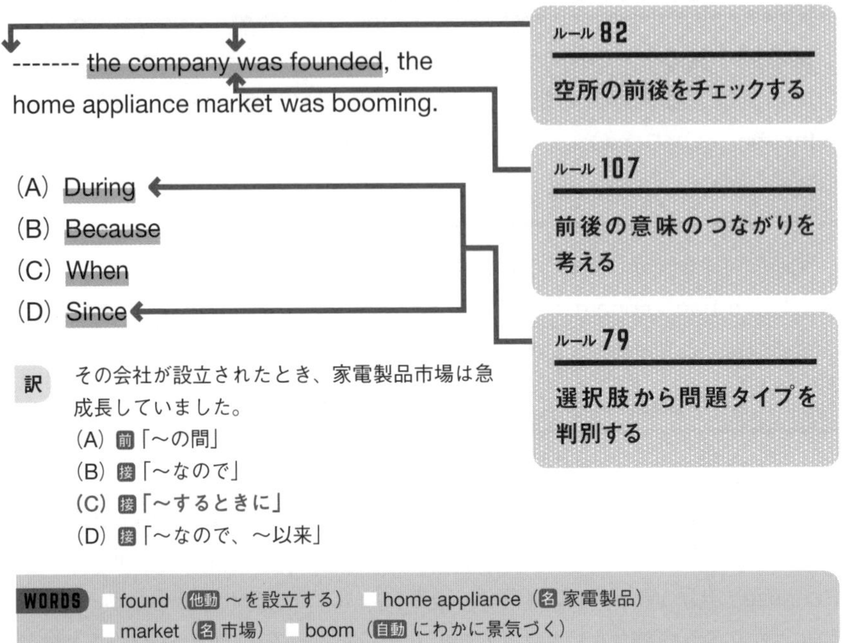

訳　その会社が設立されたとき、家電製品市場は急成長していました。
(A) 前「～の間」
(B) 接「～なので」
(C) 接「～するときに」
(D) 接「～なので、～以来」

WORDS □ found（他動 ～を設立する） □ home appliance（名 家電製品）
□ market（名 市場） □ boom（自動 にわかに景気づく）

ルール79 選択肢から問題タイプを判別する

選択肢を見ると、During、Because、When、Since と、接続詞と前置詞が並んでいます。まず、空所の前後から接続詞と前置詞のどちらが入るか絞り込み、次に問題文の意味を考え、前後のつながりから判断します。

ルール82 空所の前後をチェックする

問題タイプがわかったら、空所の前後を確認します。空所は文頭にあります。後ろには the company was founded（その会社が設立された）という完全な文の形が続いています。したがって、前置詞の（A）During は入りません。

ルール107 前後の意味のつながりを考える

形の上から選択肢が絞れたら、次は前後の意味のつながりを考えます。例題では、コンマの前に the company was founded（その会社が設立された）という文があり、コンマの後ろには the home appliance market was booming（家電製品市場は急成長していました）という文が続いています。実際に、選択肢の接続詞を空所に当てはめながら、この2つの文をスムーズにつなぐ接続詞を探します。

「会社が設立されたこと」は「家電製品市場が急成長していた」理由・原因とは考えにくいので、理由を表す（B）Because と（D）Since は当てはまりません。since には「～して以来」の意味もありますが、その場合、コンマの後ろの文は通常、完了形になります。（C）When を入れると、「会社が設立された」ときに「家電製品市場は急成長していた」となり、2つの文の意味が自然につながります。

練習問題

次の英文の空所に当てはまる語を選びましょう。

1. Mr. Kinsey attended a flight school ------- he wanted to fly an airplane.

(A) because
(B) until
(C) although
(D) while

2. The construction project was postponed ------- a lack of funds.

(A) despite
(B) due to
(C) although
(D) because

3. Someone broke into our office ------- we were out for lunch.

(A) nevertheless
(B) though
(C) due to
(D) while

解答と解説

1.

解説 選択肢にはすべて接続詞が並んでいるので、空所の前後のつながりから判断します。空所の後ろは「飛行機の操縦がしたかった」の意味の文で、空所の前の「航空学校に通った」という文の理由となっているので、(A) because が正解になります。(B) until、(C) although、(D) while では、意味が通りません。

正解 (A)

訳 Kinsey さんは飛行機の操縦をしたかったので、航空学校に通いました。
(A) 接「～なので」
(B) 前・接「～まで」
(C) 接「～だけれども」
(D) 接「～する間」

WORDS □ attend (他動 ～に通う、出席する) □ flight school (名 航空学校)

2.

解説 選択肢には前置詞と接続詞が並んでいます。空所の後ろには名詞句 a lack of funds (資金不足) が続いているので、空所には前置詞の働きをする (A) か (B) が入ります。(A)、(B) については、前後のつながりから判断します。「資金不足」は「建設計画の延期」の原因・理由と考えられるので、(B) due to が正解になります。

正解 (B)

訳 資金不足のため、建設計画が延期されました。
(A) 前「～にもかかわらず」
(B) 前「～が原因で」
(C) 接「～だけれども」
(D) 接「～なので」

WORDS □ construction (名 建設) □ postpone (他動 ～を延期する) □ lack (名 不足) □ fund (名 資金)

3.

解説 接続語句を選ぶ問題です。空所の後ろには we were out for lunch と文の形が続いているので、前置詞の働きをする（C）due to は入りません。また、（A）nevertheless は副詞で、2 つの文を 1 つの文につなぐ働きはありません。残った接続詞（B）、（D）については、前後のつながりから判断します。空所の前は「誰かが事務所に侵入した」、後ろは「私たちは外出していた」の意味なので、逆接を表す（B）though では意味が通りません。while を入れると、「外出していた間に誰かが侵入した」となり、意味が通ります。したがって、（D）が正解。

正解 (D)

訳 私たちが昼食で外出していた間に、誰かが事務所に侵入しました。
（A）副「それにもかかわらず」
（B）接「〜だけれども」
（C）前「〜が原因で」
（D）接「〜する間」

WORDS □ break into 〜（〜に侵入する）

COLUMN

found「〜を設立する、創立する」

find「見つける」の過去形とスペルが同じなのですが found という動詞はまったく別の単語です。名詞の foundation は「設立、土台、ファンデーション（化粧品）」などの意味があります。find (found, found) と異なり found は規則動詞ですので、過去・過去分詞形は founded となります。ですから、founded と出てきたら、found の過去・過去分詞形とわかります。

Part 5のルールのまとめ > 238ページを参照

UNIT 27 語彙問題は意味から判断

POINT

選択肢に同じ品詞の語が並んでいる場合は、それぞれの語の意味から判断する問題です。**語彙問題は、選択肢に並んでいる単語の意味がわからないと解けないので、時間のかけすぎに注意しましょう。**

次の例題のポイントを確認しながら、解き方の手順を見てみましょう。

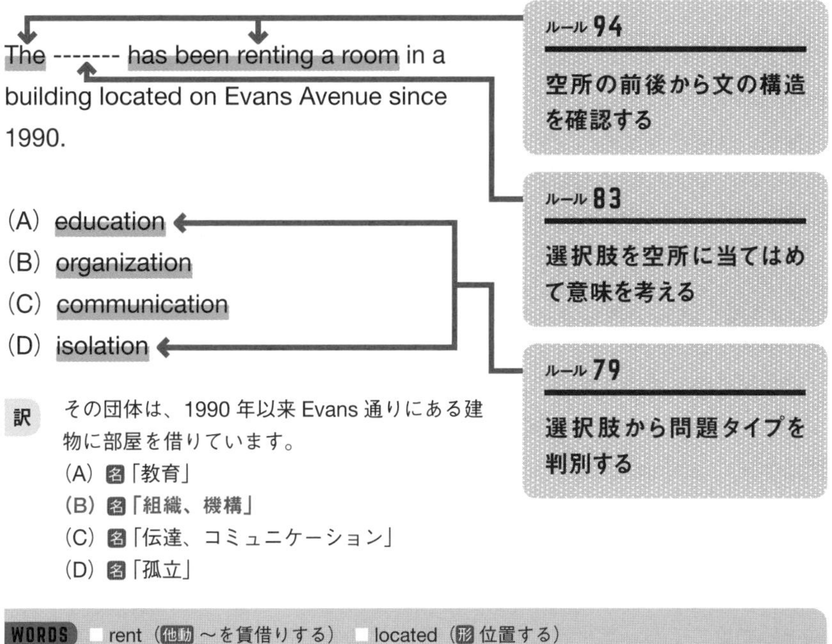

訳　その団体は、1990 年以来 Evans 通りにある建物に部屋を借りています。
(A) 名「教育」
(B) 名「組織、機構」
(C) 名「伝達、コミュニケーション」
(D) 名「孤立」

WORDS　□ rent（他動 ～を賃借りする）　□ located（形 位置する）

ルール 79 選択肢から問題タイプを判別する

選択肢を見ると、education、organization、communication、isolation といった単語が並んでいます。語尾が -tion なので、選択肢はすべて名詞です。同じ品詞の語句が選択肢に並んでいる場合は、語彙問題と判断し、文の意味から考えます。

ルール 94 空所の前後から文の構造を確認する

空所の前後を見ると、空所の前には冠詞の The、後ろには動詞 has been renting が続いているので、空所の語はこの文の主語となることがわかります。

ルール 83 選択肢を空所に当てはめて意味を考える

空所を含む部分は「～が部屋を借りている」の意味になります。「部屋を借りる」の主語になるのは、人や団体を意味する単語だと見当がつけば、(B) organization が正解だとすぐにわかります。

前後の意味から見当がつかない場合には、各選択肢を当てはめて意味を確認します。(A) education は「教育が部屋を借りている」、(C) communication は「コミュニケーションが部屋を借りている」、(D) isolation は「孤立が部屋を借りている」となり、いずれも意味が通りません。

ルール 108 単語の意味を推測する

選択肢に並んでいる単語の意味がわからない場合、単語の一部から意味が類推できることもあります。例題では、educate（～を教育する）、organize（～を組織する）、communicate（～を伝える）、isolate（～を孤立させる）などの語を知っていれば、これらの動詞に語尾 -tion がついて名詞になったものだとわかります。この他、反対の意味を表す un-、否定の意味を表す in-、可能の意味を表す -able などの語頭や語尾から意味を推測できることもあります。ただし、知識を総動員しても、選択肢に並んでいる語の意味がわからない場合は、時間をかけずに次の問題に進むようにしましょう。

次の例題のポイントを確認しながら、解き方の手順を見てみましょう。

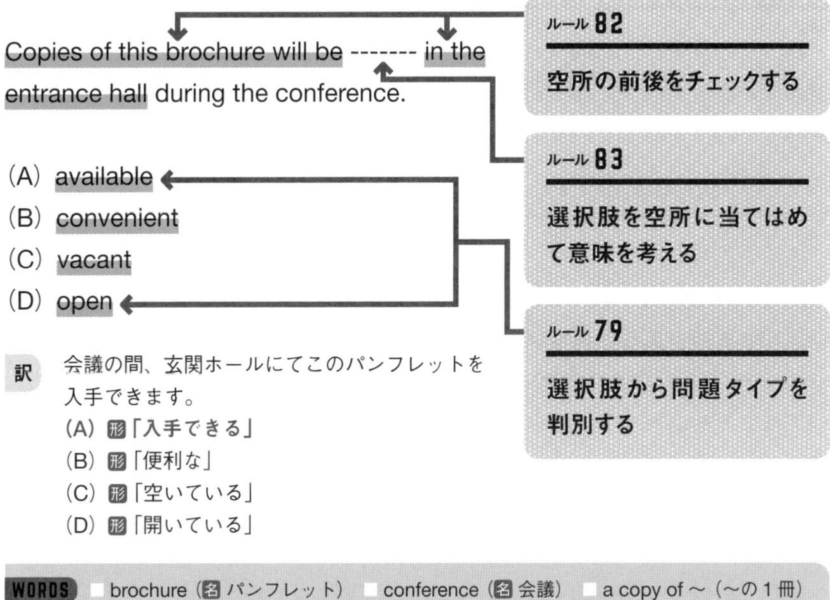

訳 会議の間、玄関ホールにてこのパンフレットを入手できます。
(A) 形「入手できる」
(B) 形「便利な」
(C) 形「空いている」
(D) 形「開いている」

WORDS □ brochure（名 パンフレット） □ conference（名 会議） □ a copy of ～（～の 1 冊）

COLUMN

a copy of ～

a copy of ～は本や資料などを数える単位としてよく使われます。We'd like to order two copies of the book. は「私達はその本を 2 部注文したいです。」の意味になります。また、Copies of this brochure will be available …では「このパンフレットが複数部、準備されている」ということを意味しています。一方、「～のコピー、～の複製」という意味もあるので、Could you make a copy of the report? とすると「その報告書のコピーをとっていただけますか？」の意味になります。

ルール79 選択肢から問題タイプを判別する

選択肢を見ると、available、convenient、vacant、open といった形容詞が並んでいます。同じ品詞の語が並んでいることから、語彙問題と判断し、全体の意味から当てはまる語を探します。

ルール82 空所の前後をチェックする

空所の前後を確認します。空所の前には主語と動詞と考えられる Copies of this brochure will be があるので、空所には「パンフレットがどんな状態か」を説明する語が入ると見当がつけられます。「パンフレットの状態」を表す語としては、「入手できる」の意味の（A）available が適当です。確認のため空所に当てはめると、「パンフレットが入手できる」となり、意味が通ります。したがって、（A）が正解になります。

ルール83 選択肢を空所に当てはめて意味を考える

空所の前後から見当がつけられないような場合は、選択肢を１つ１つ空所に当てはめて、意味を確認します。

（A）は「パンフレットが入手できる」で、意味が通ります。（B）は「パンフレットが（玄関ホールで）便利だ」、（C）は「パンフレットが空いている」、（D）は「パンフレットが（玄関ホールで）開いている」となり、いずれも意味が通らないので、不適当だと判断できます。

練習問題

次の英文の空所に当てはまる語を選びましょう。

1. Stockholders were shocked to hear of the CEO's ------- to close down all major factories.

(A) decision
(B) precision
(C) confusion
(D) division

2. Celnet Co. offers a wide ------- of office equipment including color copiers, high speed scanners, and paper shredders.

(A) kind
(B) type
(C) variety
(D) street

3. Some of the candidates have ------- in giving presentations in front of large audiences.

(A) expense
(B) expression
(C) experience
(D) experiment

解答と解説

1.

解説 選択肢には名詞が並んでいます。空所の前後を見ると、前には the CEO's があり、後ろには to close down all major factories が続いています。to hear 以降は「主な工場をすべて閉鎖するという最高経営責任者の～を聞いて」の意味になるので、ここに各選択肢を当てはめて意味を考えます。(A) の decision を入れれば「工場を閉鎖するという決定」となり、意味が通るので、これが正解。他の選択肢では、まったく意味が通りません。

正解 (A)

訳 主な工場をすべて閉鎖するという最高経営責任者の決定を聞き、株主たちは驚きました。
(A) 名「決定」
(B) 名「正確さ」
(C) 名「混乱」
(D) 名「分割」

WORDS □ stockholder (名 株主) □ shocked (形 ショックを受けた)
□ CEO (最高経営責任者〔chief executive officer の略〕) □ factory (名 工場)

2.

解説 選択肢には似た意味の名詞が並んでいて、意味からの判断が難しいのですが、a (wide) variety of ～ (多様な～) という定型表現を知っていれば対処できます。(A) kind と (B) type についても kind of ～、type of ～の形で使われますが、wide をつけることはできません。また、(D) street ではまったく意味が通りません。

正解 (C)

訳 Celnet 社は、カラーコピー機、高速スキャナー、シュレッダーなどを含む多様なオフィス機器を提供しています。
(A) 名「種類」
(B) 名「型」
(C) 名「種類、多様性」
(D) 名「通り」

WORDS □ offer (他動 ～を提供する) □ equipment (名 機器、備品) □ copier (名 コピー機)

3.

解説 選択肢には名詞が並んでいます。have experience (in) -ing（～した経験がある）という表現を知っていれば、すぐに（C）experience が入るとわかります。この表現を知らなければ、選択肢の語を１つ１つ空所に当てはめて意味を考えます。（C）experience を入れると「大聴衆の前でプレゼンした経験」と意味が自然につながるので、（C）が正解と判断できます。他の語では意味が通りません。

正解 (C)

訳 候補者のうちの一部は大聴衆の前でプレゼンした経験があります。

(A) 名「費用」
(B) 名「表現」
(C) 名「経験」
(D) 名「実験」

WORDS □ candidate（名 候補者） □ audience（名 聴衆）

Part 5のルールのまとめ > 238ページを参照

PART 5 ルールリスト

UNIT 20～27で学習したルールをもう一度確認しましょう。Part 5は、まず選択肢から問題タイプを判別し、次に空所の前後から英文の形を判断するという手順で進めましょう。自信のない項目については、しっかり復習しておきましょう。

UNIT20 品詞問題は空所の前後から考える

□ ルール 79	選択肢から問題タイプを判別する	CHECK > 183ページ
□ ルール 80	空所の前後から品詞を考える	CHECK > 183ページ
□ ルール 81	語尾から品詞を判別する	CHECK > 183ページ
□ ルール 82	空所の前後をチェックする	CHECK > 185ページ
□ ルール 83	選択肢を空所に当てはめて意味を考える	CHECK > 185ページ

UNIT21 動詞の形は主語に注目

□ ルール 84	文の構造を確認し、主語を探す	CHECK > 190ページ
□ ルール 85	主語に一致する動詞を選択する	CHECK > 190ページ
□ ルール 86	動詞の形を問う問題の 着眼ポイントを押さえる	CHECK > 190ページ
□ ルール 87	文の構造を確認し、動詞を探す	CHECK > 192ページ
□ ルール 88	長い主語は、中心となる単語を探す	CHECK > 192ページ
□ ルール 89	熟語にも注意する	CHECK > 192ページ

UNIT22 時制の問題を押さえよう

□ ルール 90	時制のヒントとなる情報を探す	CHECK > 197ページ
□ ルール 91	過去形と現在完了形の区別に注意する	CHECK > 197ページ
□ ルール 92	時を表す表現に注目する	CHECK > 199ページ
□ ルール 93	未来形と未来完了形の区別に注意する	CHECK > 199ページ

UNIT23 受動態・能動態は主語との関係に注意

□ ルール 94	空所の前後から文の構造を確認する	CHECK > 204ページ
□ ルール 95	主語との関係から態を判断する	CHECK > 206ページ

UNIT24 動名詞・不定詞・分詞を使い分けよう

□ ルール 96	目的語に不定詞と動名詞の どちらを取るかを判断する	CHECK > 211ページ
□ ルール 97	動詞の用法を押さえる	CHECK > 211ページ
□ ルール 98	名詞の後の空白は動詞を探す	CHECK > 213ページ
□ ルール 99	名詞を修飾するのは 現在分詞(-ing形)と過去分詞	CHECK > 213ページ
□ ルール 100	現在分詞・過去分詞は、 修飾する名詞との関係から判断する	CHECK > 213ページ

UNIT25 関係代名詞は「何を指すか」が大切

ルール 101	空所の前から 関係代名詞が指す名詞を探す	CHECK > 218ページ
ルール 102	文全体の構造を確認する	CHECK > 218ページ
ルール 103	関係代名詞は、 関係詞節の中での働きで決まる	CHECK > 218ページ
ルール 104	関係代名詞が指す名詞(先行詞)を 判断する	CHECK > 220ページ

UNIT26 前置詞と接続詞の使い分けを押さえよう

ルール 105	前置詞には名詞、 接続詞には文の形が続く	CHECK > 225ページ
ルール 106	前置詞と接続詞を押さえる	CHECK > 225ページ
ルール 107	前後の意味のつながりを考える	CHECK > 227ページ

UNIT27 語彙問題は意味から判断

ルール 108	単語の意味を推測する	CHECK > 232ページ

PART 6

長文穴埋め問題

UNIT 28 語彙・文法問題は空所の前後から考える …… 242
UNIT 29 接続語句は文脈をとらえよう …… 252
UNIT 30 文を選ぶ問題は選択肢をよく読み、文脈で確認 …… 262
ルールリスト …… 272

UNIT 28

語彙・文法問題は空所の前後から考える

POINT

文の中の空所を埋めるという点で Part 6 は Part 5 に似ています。語彙や文法ポイントの問題は空所の前後を見て解ける問題がほとんどですので、不必要に読み込んで時間をかけすぎないことも、とても大切です。

ポイントを確認しながら、次の例題を解いてみましょう。

Questions 1-4 refer to the following advertisement.

ABC ONLINE ENGLISH COURSE

In this online -------(1.) English course, you will learn the basics of conversational English, including conversation starters and topics. You will -------(2.) practice simple communication techniques with your online instructor that will give you confidence to communicate in various situations. Furthermore, our online quizzes and worksheets will enable you to -------(3.) basic grammar patterns useful for successful everyday conversations.

-------(4.)

ルール 109

文法問題は空所の前後だけで解ける

ルール 111

語彙問題は前後の流れや単語の使い方などで判断する

ルール 112

文を選ぶ問題は選択肢をよく読む

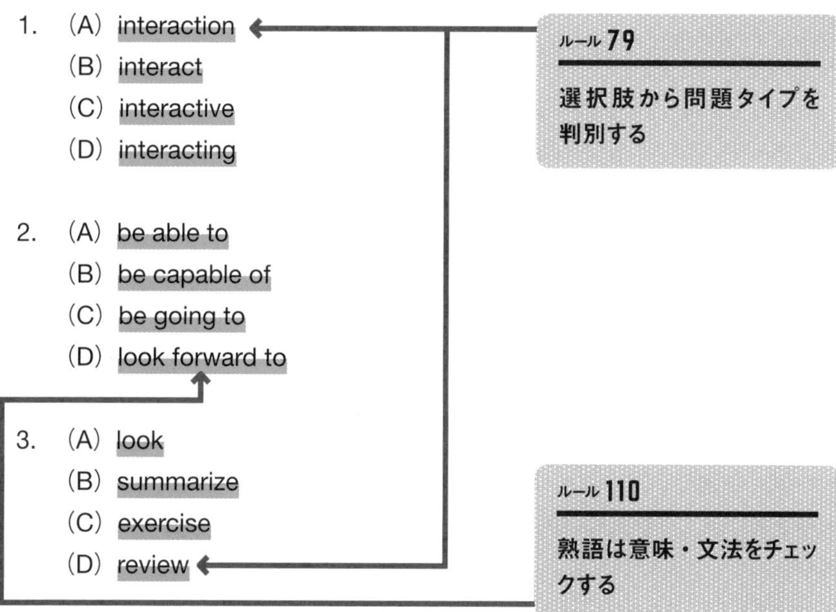

4. (A) Join our online course today and start improving your English!
(B) Intercultural communication skills are mandatory in today's business.
(C) If you would like to join our course, please come to our classroom.
(D) Daily practice is inevitable to improve your performance!

ルール 79 選択肢から問題タイプを判別する

Part 6 も Part 5 のように文法問題が出題されます。設問 1 では派生語が選択肢に並んでいるので適切な品詞を選ぶ問題とわかります。設問 2 では熟語が並んでいます。文法もしくは文脈から前後のつながりに合うものを選びます。設問 3 では動詞が並んでいます。そのため、文脈や意味から判断しなくてはならないことがわかります。

ルール 109 文法問題は空所の前後だけで解ける

文法ポイントの問題は選択肢の前後だけ見れば解ける場合が多いです。設問 1 では English course を修飾する形容詞を選ぶのがポイントです。選択肢の interactive は形容詞、interacting も形容詞と同じ働きをする現在分詞ですが、意味を考えると「対話式の英語講座」となる（C）の interactive のほうがより適していることが分かります。

ルール 110 熟語は意味・文法をチェックする

設問 2 では選択肢に熟語が並んでいます。前が助動詞、後ろが原形動詞なので原形で始まり、後ろに原形動詞をつけられるものを選びます。そうすると、(A) be able to または（C）be going to のどちらかです。未来を意味する will と be going to を重複して使うことはないので、(A) が答えです。意味的にも筋が通ります。be capable of は後ろに -ing 形、look forward to の後ろには名詞あるいは名詞相当語句をつけます。

ルール 111 語彙問題は前後の流れや単語の使い方などで判断する

設問 3 の問題は動詞の原形が並んでいます。後ろは名詞句なので他動詞であれば文法的には OK です。そう考えると summarize、exercise、review が可能です。文脈から判断すると「～を復習する」の意味の review が最も適切ですので（D）が答えになります。

ルール 112 文を選ぶ問題は選択肢をよく読む

(A) は「今日から当校のオンライン講座を始めて、あなたの英語を上達させましょう」、(B) は「異文化コミュニケーションスキルは今日のビジネスには不可欠です」、(C) は「当校の講座に入られたい場合は、教室にお越しください」、(D) は「あなたの能力を上げるためには日々の練習が不可欠です」の意味です。オンライン講座についての文でしたので (C) は排除できます。また、(B) も (D) も一般的な内容で文脈に合っていません。(A) は講座に入ることを勧める文ですが、この文が文脈に合うかどうかチェックしてみます。勧誘の言葉として問題ありませんので (A) が答えになります。

訳 問題1～4は次の広告に関するものです。

ABC オンライン英語講座

このオンライン対話式英語講座では、会話の始め方や話題などを含む英会話の基礎を学びます。あなたはオンラインの講師と一緒に初歩的なコミュニケーションテクニックを練習することができ、あらゆる場面においてコミュニケーションをとる自信をつけることができます。さらに、当校のオンラインのテストやワークシートで日々の会話を上手に行うのに役立つ基本文法のパターンを復習できます。

今日から当校のオンライン講座を始めて、あなたの英語を上達させましょう！

1. (A) 名「相互作用」
   (B) 自動 interact (相互に作用する) の原形
   (C) 形「相互に作用する」
   (D) 自動 interact の -ing 形

2. (A) ～できる、～する能力がある
   (B) ～する能力がある
   (C) ～するつもり、～する予定である
   (D) ～を楽しみにしている

3. (A) 自動 look (～に見える) の原形
   (B) 他動 summarize (～を要約する) の原形
   (C) 自動 exercise (運動する) の原形
   (D) 他動 review (～を復習する) の原形

4. (A) 今日から当校のオンライン講座を始めて、あなたの英語を上達させましょう！
   (B) 異文化コミュニケーションスキルは今日のビジネスには不可欠です。
   (C) 当校の講座に入られたい場合は、教室にお越しください。
   (D) あなたの能力を上げるためには日々の練習が不可欠です！

WORDS

■ conversational（形 会話の） ■ be capable of ～（～する能力がある）
■ practice（他動 ～を練習する） ■ instructor（名 講師） ■ confidence（名 自信）
■ furthermore（副 なお、そのうえ） ■ quiz（名 小テスト）
■ enable（他動 ～できるようにする） ■ grammar（名 文法）
■ interactive（形 相互に作用する） ■ be able to ～（～できる、～する能力がある）
■ look forward to ～（～を楽しみに待つ） ■ mandatory（形 義務的な）
■ inevitable（形 避けられない）

練習問題

次の英文の空所に当てはまる語・文を選びましょう。

Questions 1-4 refer to the following advertisement.

Zen Sushi
2324 Pearl St. Grandale
744-2025

Zen Sushi is --------(1.) in the quiet neighborhood of Grandale. Old-world Japanese food culture meets fashionable urban chic in our sushi bar in the suburbs. Enjoy Zen Sushi signature dishes with great service provided by our friendly staff. Teriyaki, and --------(2.) one-plate meals are also served all day, as are our distinctive sushi creations sourced from local seafood and fish suppliers. --------(3.)

During happy hour, we --------(4.) two for one drinks and one dollar sushi. Come to Zen Sushi and have a great time!!

1. (A) located
(B) addressed
(C) launched
(D) installed

2. (A) variety
(B) variation
(C) vary
(D) various

UNIT 28

3. (A) We also take great pride in our extensive Japanese sake and liquor selection.
(B) Most ingredients are directly imported from Japan.
(C) However, we don't serve alcoholic drinks.
(D) Nothing is unique about our menu, but our prices are reasonable.

4. (A) refer
(B) prefer
(C) offer
(D) transfer

解答と解説

1.

解説 選択肢には -ed 形の単語が並んでいます。同じ形が並んでいるので意味から適切な単語を選ぶ問題だと分かります。be located in は「〜に位置する」などの意味になり、(A) が正解です。address は「宛名を書く」、launch は「〜を開始する」、install は「(機械などを) 設置する」などの意味です。

正解 (A)

2.

解説 選択肢には派生語が並んでいます。one-plate meals を修飾する語句を選ぶ問題です。形容詞の various (形容詞) をつけると one-plate meals を修飾して various one-plate meals (さまざまなワンプレートの食事) となります。

正解 (D)

3.

解説 適切な文を選ぶ問題です。選択肢を読み、流れに合っているものを選びます。(A) は「多様な種類の日本酒やお酒も自信を持ってご用意しております」、(B) は「ほとんどの材料は日本から直接輸入しております」、(C) は「しかし、酒類は提供しておりません」、(D) は「当店のメニューには特別なことは何もないですが、お値段がお手頃になっております」です。どれもありそうな感じですので、内容を確認して答えを選びます。そうすると、happy hour に two for one drinks が提供されているようなので Zen Sushi ではお酒を出していることがわかります。また、地元の材料も使っています。distinctive sushi creations (独特の創作寿司) を提供しているので、メニューに特別なことはないという (D) も違います。したがって、(A) が最良です。

正解 (A)

4.

解説 同じ語尾で終わる動詞が並んでいます。そのため、ここは語彙がポイントであることがわかります。two for one drinks and one dollar sushi「1 つの値段で 2 つ飲める飲み物や 1 ドルのお寿司」を提供する、という意味になる offer が答えになります。

正解 (C)

訳 問題1～4は次の広告に関するものです。

Zen Sushi
2324 Pearl St. Grandale
744-2025

Grandaleの静かな地区にZen Sushi はあります。伝統的な日本食文化が、郊外にある当店のファッショナブルな都会的上品さと出会いました。当店のフレンドリーなスタッフの素晴らしいサービスとともにZen Sushi特別メニューをお楽しみください。終日、テリヤキや各種ワンプレートの食事、地元の海産物・鮮魚卸売店からの材料で作った独自の寿司を提供しております。多様な種類の日本酒や酒類も自信を持ってご用意しております。

ハッピーアワー中は、1杯のお値段で2杯お飲みいただけるドリンクや1ドル寿司を提供しております。Zen Sushiに来て、素晴らしい時間をお過ごしください。

1. (A) 他動 locate（～を置く）の過去・過去分詞形
   (B) 他動 address（宛名を書く）の過去・過去分詞形
   (C) 他動 launch（～を始める）の過去・過去分詞形
   (D) 他動 installed（〔装置などを〕設置する）の過去・過去分詞形

2. (A) 名 変化、多様性
   (B) 名 変化、バリエーション
   (C) 動 変わる、～を変える
   (D) 形 さまざまな

3. (A) 多様な種類の日本酒や酒類も自信を持ってご用意しております。
   (B) ほとんどの材料は日本から直接輸入しております。
   (C) しかし、酒類は提供しておりません。
   (D) 当店のメニューには特別なことは何もないですが、お値段がお手頃になっております。

4. (A) 自動 refer（言及する）の原形
   (B) 他動 prefer（～を好む）の原形
   (C) 他動 offer（～を提供する）の原形
   (D) 他動 transfer（～を移動させる）の原形

WORDS
- neighborhood（名 近隣、地域）
- old-world（形〔新世界［アメリカ大陸］と対比して〕旧世界の）
- fashionable（形 流行の） urban（形 都会の） chic（名 上品さ）
- suburb（名 郊外、近郊） signature（形 特徴的な）
- distinctive（形 特別な） sourced from ～（～から材料を得る）
- (be) located in ～（～に位置する、～にある） various（形 各種の）
- extensive（形 広い、広範囲にわたる） liquor（名 酒類、酒）

COLUMN

signature dish

signature dish は「（オリジナルの）特別料理」のような意味になります。これは、signature に「署名」の意味があり、「そのお店の署名のような料理」、言い換えると「そのお店の特別料理」であるからだと考えられます。レストランの宣伝などでよく使われる文言ですので、ぜひ覚えておいてください。

Part 6のルールのまとめ > 272ページを参照

PART 6_TEXT COMPLETION

UNIT 29
接続語句は文脈をとらえよう

POINT

Part 6 では文脈がポイントになる問題が出題されます。このような問題は空所の前後だけを読むのでは不十分な場合があります。**時間を意識し、必要最低限で前後の流れを把握することが重要です。**

ポイントを確認しながら、次の例題を解いてみましょう。

Questions 1-4 refer to the following e-mail.

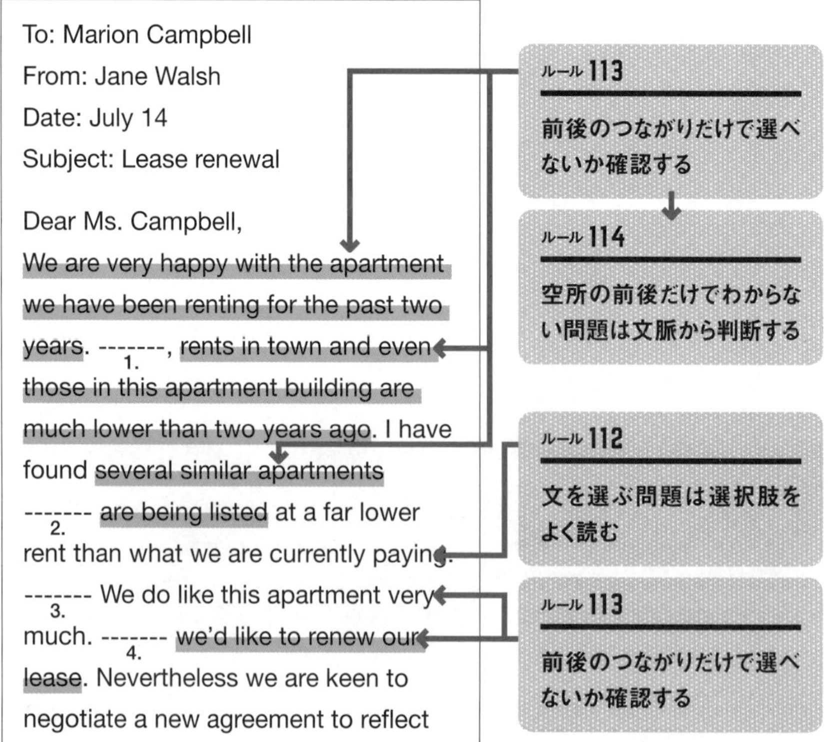

To: Marion Campbell
From: Jane Walsh
Date: July 14
Subject: Lease renewal

Dear Ms. Campbell,
We are very happy with the apartment we have been renting for the past two years. -------, rents in town and even those in this apartment building are much lower than two years ago. I have found several similar apartments ------- are being listed at a far lower rent than what we are currently paying. ------- We do like this apartment very much. ------- we'd like to renew our lease. Nevertheless we are keen to negotiate a new agreement to reflect

(1. 2. 3. 4.: blank numbers)

the changes in the current rental market.

Sincerely,
Jane Walsh

1. (A) Therefore
   (B) However
   (C) Because
   (D) Due to

ルール 79

選択肢から問題タイプを判別する

2. (A) that
   (B) what
   (C) whose
   (D) whom

3. (A) In addition, real estate prices have gone up recently.
   (B) Some apartments in my hometown are more expensive.
   (C) I have attached a list of comparable apartments in the area.
   (D) I read a magazine article on apartment lease negotiations.

4. (A) In spite of
   (B) Since
   (C) However
   (D) Thus

ルール 79　選択肢から問題タイプを判別する

選択肢を確認してみると、設問 1、2、4 で接続語句をポイントにしていることがわかります。前後のつながりだけで解ける問題もあるかもしれませんが、中には文脈のチェックが必要なものもあるかもしれません。設問 3 は文を選ぶ問題であることが選択肢からわかります。

ルール 113　前後のつながりだけで選べないか確認する

設問 1 では however、therefore などの接続副詞をポイントにしていますが、前からの流れを確認する必要があります。

設問 2 は関係代名詞をポイントにしていることが選択肢からわかります。前に先行詞となる several similar apartments があるので what はだめです。関係代名詞節の主語となっているため所有格や目的格もだめです。したがって、(A) that が最適です。

設問 4 の選択肢もいろいろな接続語句が並んでいます。文頭につけて前からの流れをつなげられるのは選択肢の中では Thus と However のみです。ここでは「結果として、だから」の意味になる（D）Thus が良いです。

ルール 114　空所の前後だけでわからない問題は文脈から判断する

設問 1 は文頭につける接続語句をポイントにしています。2 つの節をつなげるわけではないので接続詞 Because は入れられません。また、後ろには節がきていますので Due to もだめです。However や Therefore などの文の流れをつなぐ副詞であれば入れることができます。文脈を確認してどちらが良いか判断します。そうすると、However が良いことがわかります。したがって、設問 1 の答えは（B）です。

ルール 112　文を選ぶ問題は選択肢をよく読む

設問 3 は適切な文を選ぶ問題です。まず、選択肢の文を確認します。(A)「さらに不動産価格は最近上がってきています」、(B)「私の故郷のアパートの方が高いです」、(C)「地域の似たようなアパートのリストを添付しました」、(D)「私はアパートの賃貸契約更新の交渉についての雑誌の記事を読みました」です。値段を下げてほしいという交渉のメールなので（A）と（B）は違います。また、(D)

も「賃貸契約交渉についての雑誌の記事を読んだ」ということですので、直接関連はないです。そのため、(C) で問題ないか確認してみます。そうすると、(C) が文脈の流れに合っていることがわかります。

訳 問題1～4は次のEメールに関するものです。

宛先：Marion Campbell
送信者：Jane Walsh
日付：7月14日
件名：賃貸契約更新

Campbell 様
私たちは過去2年間借りているアパートについてとても満足しております。しかし、町中の家賃は2年前に比べ、かなり安くなっています。この建物内の他の部屋でもそうです。私たちが借りているのと似た他のアパートで私たちの今の家賃よりかなり安くなっているのをいくつも見つけました。地域の似たようなアパートのリストを添付いたしました。私たちはこの部屋をとても気に入っています。ですから、賃貸契約の更新を希望しています。でも、現在の賃貸市場での変化を反映していただけるよう、新たな契約の話し合いをさせていただければと思っております。

よろしくお願いします。
Jane Walsh

1. (A) 副 それゆえ
   (B) 副 しかしながら
   (C) 接 なぜならば
   (D) 前 ～のため

2. (A) 関係代名詞 that「するところの」
   (B) 関係代名詞 what「するところのもの・こと」
   (C) 関係代名詞 whose（所有格）
   (D) 関係代名詞 whom（who の目的格）

3. (A) さらに不動産価格は最近上がってきています。
   (B) 私の故郷のアパートの方が高いです。
   (C) **地域の似たようなアパートのリストを添付しました。**
   (D) 私はアパートの賃貸契約更新の交渉についての雑誌の記事を読みました。

UNIT 29

4. (A) 前 ～にもかかわらず
(B) 接 ～だから
(C) 副 しかしながら
(D) 副 このように

WORDS □ listed（list 動「リストに載せる」の過去分詞） □ currently（副 現在は）
□ however（副 しかしながら） □ attach（他動 ～を添付する）
□ comparable（形 似たような、同等の）

COLUMN

接続詞と文副詞

代表的な接続詞：because / since / although など。

例：I want to renew the lease because I like my apartment.（私の部屋を気に入っているので賃貸契約を更新したいです）

代表的な文副詞：however / therefore / nevertheless など。

例：I like my apartment. However, I think it is too expensive.（私は私の部屋を気に入っています。しかし、高すぎると思っています）

文副詞は文全体を修飾しますが、文と文をつなげるわけではないので、このようにピリオドで終えた後に文頭に置いて使うことができます。または、前の文をセミコロンで終えた後ろにつけることも可能です。

例：I like my apartment; however, I think it is too expensive.

練習問題

次の英文の空所に当てはまる語句・文を選びましょう。

Questions 1-4 refer to the following e-mail.

To: Toshiyuki Mori
From: Alex Kanton
Date: May 16
Subject: Re: Tuesday appointment

Dear Mr. Mori,

Unfortunately, I have to cancel our meeting on Tuesday afternoon, -------(1.) an issue that has just come up at our factory in China. Would it be possible to reschedule our appointment to Friday morning? -------(2.) you are not available on Friday, the following week is also a possibility. -------(3.), could you give me several dates that are convenient for you? -------(4.)

Best regards,
Alex Kanton

1. (A) because
(B) although
(C) due to
(D) despite

2. (A) Because
(B) If
(C) Till
(D) Whenever

3. (A) In this case
(B) However
(C) Therefore
(D) Although

4. (A) Please let me know if you have to cancel our meeting on Tuesday.
(B) I will let you know if I am available on Friday morning.
(C) Thank you very much for letting me know about your schedule change.
(D) I do apologize for this sudden change.

解答と解説

1.

解説 選択肢を見ると接続語句を選ぶ問題であることがわかります。また、後ろは an issue に関係代名詞節がついたものです。ですから、an issue という名詞につなげられるものなので (C) か (D) のどちらかになります。文脈から判断すると、ここは理由を説明しているので、due to が答えになります。

正解 (C)

2.

解説 選択肢から接続語句を選ぶ問題であることがわかります。後ろに 2 つ節があるので文頭につけて、これらの節をつなげられる接続詞を選びます。このような使い方ができるのは if と because になります。ここでは、理由を説明しているのではなく「相手の都合がよくない場合は」のように条件を説明しているので、if が良いです。

正解 (B)

3.

解説 選択肢から接続語句を選ぶ問題であることがわかります。空欄は文頭にあり、後ろに文が 1 つだけなので、ここに入れるのは文副詞、またはそれに準ずる語句です。選択肢の Although 以外はすべて文副詞になります。そのため、前からの流れを確認します。前の文では金曜日の都合が悪い場合は次の週でもよいと述べています。その流れを受けて、「この場合は何日か都合の良い日を教えてください」とつなげています。そのため in this case が適切であることがわかります。

正解 (A)

4.

解説 選択肢から文を選ぶ問題であることがわかります。まず、文の意味を確認しましょう。(A)「火曜日のミーティングをキャンセルしなくてはならない場合はお知らせください」、(B)「金曜日の朝の都合が良い場合はお知らせします」、(C)「あなたのスケジュールの変更について教えてくださりありがとうございます」、(D)「突然の変更についてお詫びいたします」です。(A)、(B)、(C) は内容的に合いません。(D) は突然の変更につ

UNIT 29

いて詫びる文で、最後の挨拶として問題ありません。

正解 (D)

訳 問題 1 ~ 4 は次のメールに関するものです。

宛先：Toshiyuki Mori
発信者：Alex Kanton
日付：5 月 16 日
件名：Re: Tuesday appointment

Mori 様

残念ながら、中国の工場でつい先ほど発生した問題のため、火曜日の午後のミーティングをキャンセルしなくてはならなくなりました。金曜日の午前にお約束を再調整することは可能でしょうか。もし金曜日のご都合が悪い場合は、来週でも結構です。その場合は、いくつかご都合の良い日をお知らせくださいますでしょうか。この急な変更についてお詫びいたします。

よろしくお願いします。
Alex Kanton

1. (A) 接 なぜならば
   (B) 接 だけれども
   (C) 前 ～のため
   (D) 前 ～にもかかわらず

2. (A) 接 なぜならば
   (B) 接 もし
   (C) 接・前 まで
   (D) 接 いかなるときも

3. (A) 副 この場合は
   (B) 副 しかしながら
   (C) 副 それゆえ
   (D) 接 ～だけれども

4. (A) 火曜日のミーティングをキャンセルしなくてはならない場合はお知らせください。
   (B) 金曜日の朝の都合が良い場合はお知らせします。
   (C) あなたのスケジュールの変更について教えてくださりありがとうございます。
   (D) 突然の変更についてお詫びいたします。

WORDS
- appointment（名〔ミーティングなどの〕約束）
- unfortunately（副 不幸にも、不運にも） issue（名 問題） come up（起こる）
- available（形〔時間が〕空いている）
- convenient（形〔時間、場所などが〕都合が良い） although（接 〜だけれども）
- due to（前 〜のため） despite（前 〜にもかかわらず） till（接・前 まで）
- in this case（この場合は） apologize（自動 謝罪する） sudden（形 突然の）

COLUMN

availableとconvenient

available は「(時間が) 空いている」という意味になり、I am available today. とすると「今日、私は時間があります (都合が良い)」という意味から今日はミーティングなどをすることが可能であるという意味になります。でも、Tuesday を主語にして「火曜日は都合が良いです」と言いたい場合には available は使えません。その代わり、Tuesday is convenient for me.「私にとって火曜日は都合が良いです」のように convenient「(場所、時間などが) 都合が良い」を使います。また、I am convenient today. とはできません。

Part 6のルールのまとめ > 272ページを参照

UNIT 30
文を選ぶ問題は選択肢をよく読み、文脈で確認

POINT

Part 6 では空所に入る適切な文を選ぶ問題が出題されます。Part 6 の長文 1 つにつき 1 題、文を選ぶ問題が出題されます。**適切な文を選ぶには前後の流れを把握する必要があるので時間がかかる問題です。**

ポイントを確認しながら、次の例題を解いてみましょう。

Questions 1-4 refer to the following notice.

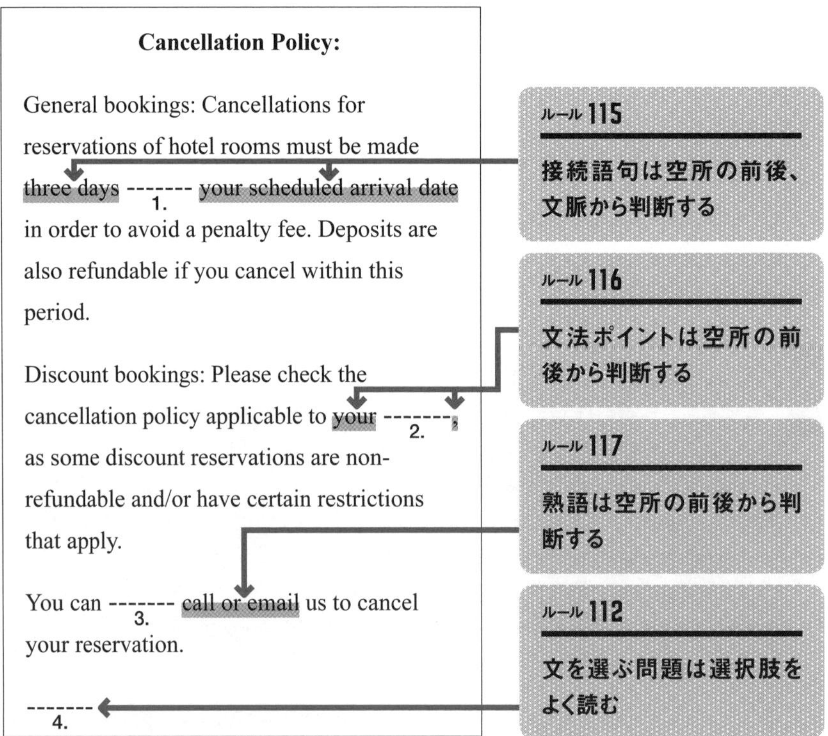
Cancellation Policy:

General bookings: Cancellations for reservations of hotel rooms must be made three days ------- (1.) your scheduled arrival date in order to avoid a penalty fee. Deposits are also refundable if you cancel within this period.

Discount bookings: Please check the cancellation policy applicable to your ------- (2.), as some discount reservations are non-refundable and/or have certain restrictions that apply.

You can ------- (3.) call or email us to cancel your reservation.

------- (4.)

1. (A) after
   (B) until
   (C) prior to
   (D) within

ルール 79

選択肢から問題タイプを判別する

2. (A) reserve
   (B) reserved
   (C) reserving
   (D) reservation

3. (A) both
   (B) any of
   (C) neither
   (D) either

4. (A) You cannot cancel your reservation unless you have one of the following.
   (B) Please make sure to have your reservation code ready if contacting us by phone.
   (C) Cancellation by email is not possible.
   (D) Please note all cancellations must be made online.

ルール 79　選択肢から問題タイプを判別する

選択肢から設問 1 は接続語句、設問 2 は文法、設問 3 は熟語がポイントとなり、設問 4 は文を選ぶ問題であることがわかります。

ルール 115　接続語句は空所の前後、文脈から判断する

設問 1 の空所の前後を見ると、後ろには your scheduled arrival date（名詞句）「到着予定日」が来るので、ここに入るのは前置詞であることがわかります。選択肢の単語はすべて前置詞の使い方があります。そのため、意味を確認します。ここではキャンセルの期限について述べています。キャンセルの連絡は到着予定日よりも前に連絡しなくてはならないので、(C) prior to が良いです。

ルール 116　文法ポイントは空所の前後から判断する

設問 2 の選択肢には派生語が並んでいます。そのため、文法がポイントになることがわかります。空所の前後を確認すると前が所有格、後ろはカンマなので (D) の reservation（名詞）を選びます。

ルール 117　熟語は空所の前後から判断する

設問 3 の選択肢には both A and B の both、any of 複数形 の any、neither A nor B の neither、either A or B の either が並んでいます。これらを知っていればポイントは一目瞭然です。either call or email us となるので、答えは (D) either です。

ルール 112　文を選ぶ問題は選択肢をよく読む

設問 4 は、この通知の最後の文を選ぶ問題です。最後の文として適切なもの、また本文の内容と矛盾しないものを選びます。選択肢を読んで内容を確認してみましょう。(A)「以下のどれかをお持ちでなければ予約をキャンセルすることはできません」、(B)「お電話でご連絡いただく場合は予約番号をご用意ください」、(C)「メールでのキャンセルはお受けできません」、(D)「予約のキャンセルはすべてオンラインで行うことにご注意ください」です。(A) では「以下の～」などと述べていることから最後の文にはできません。(C) と (D) は本文の内容と矛盾しています。したがって、(B) が答えになります。

訳 問題1～4は次の通知に関するものです。

キャンセルに関する規定

一般のご予約：ホテルの予約のキャンセルは、到着予定日の3日前までにすれば罰則金の支払いは不要です。この期間にキャンセルしていただければ、内金も返金いたします。

値引き価格でのご予約：あなたのご予約に該当するキャンセルに関する規定をご確認ください。値引き価格でのご予約は返金できない場合やキャンセルに一定の条件がある場合がございます。

予約のキャンセルは電話またはメールでご連絡ください。

お電話でご連絡いただく場合は予約番号をご用意ください。

1. (A) 接・前 ～の後で
   (B) 接・前 ～まで
   (C) 前 ～前に
   (D) 前 ～以内に、～の中で

2. (A) 他動 reserve（～を予約する）の原形
   (B) 他動 reserve の過去形・過去分詞
   (C) 他動 reserve の -ing 形
   (D) 名「予約」

3. (A) (both A and B で) A と B の両方
   (B) (any of ＋〈複数形名詞〉で)〈複数形名詞〉のどれでも
   (C) (neither A nor B で) A でも B でもない
   (D) (either A or B で) A または B

4. (A) 以下のどれかをお持ちでなければ予約をキャンセルすることはできません。
   (B) **お電話でご連絡いただく場合は予約番号をご用意ください。**
   (C) メールでのキャンセルはお受けできません。
   (D) 予約のキャンセルはすべてオンラインで行うことにご注意ください。

WORDS
- booking（名 予約） - cancellation（名 キャンセル） - reservation（名 予約）
- scheduled arrival date（名 到着予定日） - penalty（名 罰金、罰則）
- deposit（名 内金、保証金） - refundable（形 返金可能である）
- applicable（形 適用できる、該当する） - restriction（名 規則）
- apply（自動 当てはまる） - prior to（前 ～より前に）
- reservation code（名 予約番号）

COLUMN

both A and B / either A or B / neither A nor B

これらは決まった形で使うので文法問題でときどき見かけることがあります。熟語は意味と使い方も同時に覚えておくことが大切です。以下の例文を覚えておくと良いでしょう。

I want both a dog and a cat.（私は犬も猫も両方とも欲しいです）
I want either a dog or a cat.（私は犬か猫のどちらかが欲しいです）
I want neither a dog nor a cat.（私は犬も猫も欲しくありません）

練習問題

次の英文の空所に当てはまる語句・文を選びましょう。

Questions 1-4 refer to the following notice.

Return Policy

Merchandise returns must be made within seven days of purchase and -------(1.) by the original sales receipt. The refund will be the purchase price minus a 5% handling fee. -------(2.)

Opened ink cartridges, CDs or software are not returnable under any circumstances. Please check the product information and refund/return policy -------(3.) opening any of these items.

Defective products will be handled -------(4.) the manufacturer's exchange policy. Please refer to the product manual and warranty information.

1. (A) attached
(B) accommodated
(C) accompanied
(D) applied

2. (A) We need to confirm the shipment has been registered.
(B) Merchandise will be shipped upon receipt of payment.
(C) We aim to keep our customers happy by refunding 100% of the purchase price.
(D) Returns without a receipt will not be accepted.

3. (A) by
(B) during
(C) before
(D) after

4. (A) according to
(B) as follows
(C) in contrast to
(D) because of

解答と解説

1.

解説 選択肢には動詞の -ed 形が並んでいます。そのため語彙や動詞の使い方などがポイントであることがわかります。返品にはレシートの原本を添えなくてはならないということなので（be）accompanied by ～で「～を添付する」の意味になる accompanied が答えです。attached を使う場合は Merchandise returns must be made within seven days of purchase with the original sales receipt attached. のようにします。

正解 (C)

2.

解説 文を選ぶ問題ですので、選択肢の意味を確認します。(A)「私たちは出荷が登録されていることを確認する必要があります」、(B)「商品はお支払いを受け取り次第発送します」、(C)「私たちは購入額の 100%を返金することで、常にお客様がご満足いただけるようにしています」、(D)「レシートのない返金は受け付けられません」です。前後は返金のことについて書かれているので（A）と（B）は関係ありません。また、（C）は前からの流れと矛盾しています。したがって、ここでは（D）が答えになります。

正解 (D)

3.

解説 選択肢を見ると前置詞が並んでいます。そのため、適切な前置詞を選ぶ問題とわかります。ここの文では、インクカートリッジ、CD、ソフトなどは開封後の返金はできないので商品を開ける前（before opening ～）に商品情報をよく確認するように、とするのが適切です。したがって、before が最適です。

正解 (C)

4.

解説 選択肢を見ると前置詞句などが並んでいます。そのため、適切な前置詞句などを選ぶ問題だとわかります。ここでは不良品の取り扱いについて書かれています。according to the manufacturer's exchange policy とすると「製造業者の交換方針に基づいて処理する」のような意味になります。because of は理由を説明するときに使う表現ですので適切ではありません。as follows は前置詞の働きはないので後ろに名詞句はつなげられません。

正解 (A)

訳 問題1～4は次の通知に関するものです。

返金について

商品の返金はレシートの原本をつけ、購入後7日以内に行ってください。購入金額の5%の手数料を引いた金額を返金いたします。レシートがない場合は、返金は認められません。

開封したインクカートリッジ、CD、ソフトはいかなる場合でも返金に応じられません。これらの商品は開封前に商品情報、返金・返品条件について確認するようお願いします。

不良品は製造業者の交換方針に従い、処理いたします。
商品のマニュアルや保証内容をご参照ください。

1. (A) 他動 attach（～を添付する）の過去形・過去分詞
   (B) 他動 accommodate（～を収容する）の過去形・過去分詞
   (C) 他動 accompany（～に添える）の過去形・過去分詞
   (D) 他動 apply（～に適用する、申し込む）の過去形・過去分詞

2. (A) 私たちは出荷が登録されていることを確認する必要があります。
   (B) 商品はお支払いを受け取り次第発送します。
   (C) 私たちは購入額の100%を返金することで、常にお客様がご満足いただけるようにしています。
   (D) レシートのない返金は受け付けられません。

3. (A) 前 ～までに
   (B) 前 ～の間
   (C) 前・接 ～の前
   (D) 前・接 ～の後

4. (A) ～に従って
   (B) 以下のように
   (C) ～と対照的に
   (D) ～のために

WORDS
- merchandise return（名 商品の返品） ■ purchase（名 購入）
- original sales receipt（名 レシートの原本） ■ refund（名 返金）
- purchase price（名 購入金額） ■ handling fee（名 手数料）
- returnable（形 返品できる、返すことができる）
- under any circumstances（いかなる条件でも） ■ defective product（名 欠陥品）
- exchange policy（名 交換方針、交換条件） ■ product manual（名 製品マニュアル）
- warranty information（名 保証内容） ■ accompany（他動 ～に添える）
- accept（他動 ～を受け入れる） ■ according to（～に従って）

COLUMN

under any circumstances は今回のような返品に関する文書や契約書、規則などでよく使われる表現です。「いかなる条件でも～できない」などの文脈で使われることが多いです。例：No late submission will be accepted under any circumstances.（遅れての提出はいかなる状況でも受け入れません）
通常、circumstances は複数形で使うのもポイントですので、ぜひ一緒に覚えておくと良いです。

Part 6のルールのまとめ > 272ページを参照

PART 6 ルールリスト

UNIT 28 ～ 30 で学習したルールをもう一度確認しましょう。Part 5 と同様に、Part 6 もまず選択肢から問題タイプを判別し、次に空所の前後をチェックするという手順で進めます。自信のない項目については、しっかり復習しておきましょう。

UNIT28 語彙・文法問題は空所の前後から考える

ルール	内容	CHECK
□ ルール 109	文法問題は空所の前後だけで解ける	CHECK > 244ページ
□ ルール 110	熟語は意味・文法をチェックする	CHECK > 244ページ
□ ルール 111	語彙問題は前後の流れや単語の使い方などで判断する	CHECK > 244ページ
□ ルール 112	文を選ぶ問題は選択肢をよく読む	CHECK > 244ページ

UNIT29 接続語句は文脈をとらえよう

ルール	内容	CHECK
□ ルール 113	前後のつながりだけで選べないか確認する	CHECK > 254ページ
□ ルール 114	空所の前後だけでわからない問題は文脈から判断する	CHECK > 254ページ

UNIT30 文を選ぶ問題は選択肢をよく読み、文脈で確認

ルール	内容	CHECK
□ ルール 115	接続語句は空所の前後、文脈から判断する	CHECK > 264ページ
□ ルール 116	文法ポイントは空所の前後から判断する	CHECK > 264ページ
□ ルール 117	熟語は空所の前後から判断する	CHECK > 264ページ

READING COMPREHENSION

PART 7
読解問題

UNIT 31 スケジュール・旅程表は、項目を見る …… 274
UNIT 32 記入用紙はタイトルと項目を確認 …… 282
UNIT 33 広告・通知文は、読み手を意識する …… 291
UNIT 34 Eメール・手紙は、書き手と読み手を確認 …… 299
UNIT 35 テキストメッセージは流れをつかもう …… 307
UNIT 36 文の位置を答える問題は流れから判断しよう …… 315
UNIT 37 オンライン・チャットは状況を把握しよう …… 326
UNIT 38 マルチプルパッセージは各文書タイプを把握 …… 337
ルールリスト …… 355

UNIT 31
スケジュール・旅程表は、項目を見る

POINT

Part 7 で出題される英文は必ずしも長文ばかりではありません。**リストやスケジュール表、請求書などの形式も出題されます。項目を手がかりに、必要な情報を素早く探し出せるように、書式や用語に慣れておきましょう。**

ポイントを確認しながら、次の設問を読みましょう。

1. When will Dr. Piozzi arrive in Hong Kong?
   (A) March 25
   (B) March 26
   (C) March 27
   (D) March 28

ルール 119
キーワードを手がかりに日付を探す

2. Where will Dr. Piozzi's presentation take place?
   (A) At the airport
   (B) In the industrial area
   (C) In the main dining room
   (D) In the lecture hall

ルール 120
キーワードを手がかりに場所を探す

ルール 118
文書タイプを確認する

Questions 1-2 refer to the following schedule.

次に、設問の答えを探しながら、英文を読みましょう。

Schedule of the Factory Visit

設問 1 のヒント

March 25

Mr. Huang will pick up Dr. Piozzi and his assistants at Hong Kong International Airport and then the visitors will check in at Xing International Hotel. We will have dinner with guests (Main dining room).

March 26

Visit to the factory in the industrial area led by Mr. Huang. We will see the following.

- New product lines
- Water Treatment Plant
- Emission Control Plant

設問 2 のヒント

March 27

Dr. Piozzi will give a presentation on the following topics (Lecture hall).

- Environmental impact of chemical plants
- Effective pollution control

There will be a question-and-answer session afterwards. We will have lunch with guests and then go sightseeing in the afternoon.

March 28

We will have breakfast together and then the guests will be driven to Hong Kong International Airport for their 11 A.M. departure.

ルール 118 文書タイプを確認する

Questions 1-2 refer to the following schedule. からスケジュール表であることがわかります。まず、タイトルで「何のスケジュールか」を確認し、各項目にざっと目を通しておきます。このスケジュールでは、日付ごとに予定が並べられており、かっこの中にその場所が書かれています。スケジュールでは「時」や「場所」にかかわる詳細情報を尋ねる設問がよく出題されます。

ルール 119 キーワードを手がかりに日付を探す

設問 1 は「時」を問う設問です。選択肢を見ると日付が並んでいるので、Dr. Piozzi arrive(s) in Hong Kong をキーワードに、本文から日付の情報を探します。各項目にざっと目を通していくと、3 月 25 日の項に Mr. Huang will pick up Dr. Piozzi and his assistants at Hong Kong International Airport とあるので、(A) が正解とわかります。

ルール 120 キーワードを手がかりに場所を探す

設問 2 は「Piozzi 博士のプレゼンが行われる場所」について尋ねています。選択肢には場所が並んでいるので、Dr. Piozzi's presentation をキーワードに本文を探します。3 月 27 日の項に Dr. Piozzi will give a presentation on the following topics とあり、その後ろに場所が (Lecture hall) と書かれているので、正解は (D) とわかります。

訳 問題1～2は次のスケジュールに関するものです。

工場見学スケジュール

3月25日
Huangさんが香港国際空港にPiozzi博士とアシスタントを迎えに行き、お客様はXing Internationalホテルにチェックインする。お客様と夕食を取る（主食堂）。

3月26日
Huangさんの案内により、工業地域にある工場を視察。以下を見学する。
- 新しい生産ライン
- 水処理施設
- 排気制御施設

3月27日
Piozzi博士が下記の題目についてプレゼンをする（講堂）。
- 化学工場が環境に及ぼす影響
- 効果的な公害対策
プレゼン後に質疑応答の時間を設ける。お客様と昼食を取り、午後は観光の予定。

3月28日
お客様と朝食を取り、お客様を午前11時の出発便に間に合うように香港国際空港まで車で送る。

1. Piozzi博士はいつ香港に着きますか。
   (A) 3月25日
   (B) 3月26日
   (C) 3月27日
   (D) 3月28日

2. Piozzi博士のプレゼンはどこで行われますか。
   (A) 空港
   (B) 工業地域
   (C) 主食堂
   (D) 講堂

WORDS □ industrial（形 産業の、工場の） □ factory（名 工場） □ treatment（名 処理） □ impact（名 影響） □ sightseeing（名 観光）

UNIT 31

練習問題

次の英文を読んで、問題に答えましょう。

Questions 1-2 refer to the following schedule.

20XX Conference Held at the Dolphin Hotel, Darwin
Schedule

Day 1: Monday 13 July 20XX

4:30 P.M. - 6:30 P.M.	– Registration – (Hotel Lobby)
7:00 P.M.	– Opening Ceremony (Main Hall)

Day 2: Tuesday 14 July 20XX

9:00 A.M. -12:30 P.M.	– Keynote address: Assessment of the global market
12:30 P.M. - 2:00 P.M.	– Lunch (Cafeteria)
2:00 P.M. - 6:00 P.M.	– Business Case Studies I (Meeting Room 1)
6:00 P.M. - 7:00 P.M.	– Dinner (Orange Room)

Day 3: Wednesday 15 July 20XX

9:00 A.M. -12:30 P.M.	– Business Case Studies II (Meeting Room 1)
12:30 P.M. - 1:30 P.M.	– Lunch (Cafeteria)
2:00 P.M. - 4:00 P.M.	– Panel Discussion (Meeting Room 1)
4:30 P.M. - 6:00 P.M.	– Closing Ceremony (Main Hall)

1. Where will the opening ceremony be held?
   (A) In Orange Room
   (B) In Main Hall
   (C) In Meeting Room 1
   (D) In Cafeteria

2. What time will Business Case Studies II start?
   (A) 9:00 A.M.
   (B) 12:30 P.M.
   (C) 1:00 P.M.
   (D) 4:30 P.M.

解答と解説

1.

解説 文書タイプはスケジュールなので、タイトルと各項目を確認します。opening ceremony をキーワードに「開会式の場所」を探しますが、Opening Ceremony（開会式）については、第1日目に書いてあると見当がつきます。Day 1 のスケジュールを確認すると、開会式は午後7時からで、その横のかっこの中に Main Hall とあり、これが場所だと考えられます。したがって、正解は（B）です。

正解 (B)

2.

解説 「ビジネス・ケース・スタディ II が始まる時間」が問われています。Business Case Studies II をキーワードに探していくと、Day 3 の午前9時〜午後12時30分に予定されていることがわかります。したがって、正解は（A）午前9時です。

正解 (A)

訳 問題1〜2は次のスケジュールに関するものです。

20XX 会議、Darwin、Dolphin ホテルにて開催
スケジュール

第1日：20XX 年7月13日　月曜日

午後4時30分〜午後6時30分	登録（ホテルロビー）
午後7時	開会式（メインホール）

第2日：20XX 年7月14日　火曜日

午前9時〜午後12時30分	基調演説—世界市場の評価
午後12時30分〜午後2時	昼食（カフェテリア）
午後2時〜午後6時	ビジネス・ケース・スタディ I（会議室1）
午後6時〜午後7時	夕食（オレンジルーム）

第3日：20XX 年7月15日　水曜日

午前9時〜午後12時30分	ビジネス・ケース・スタディ II（会議室1）
午後12時30分〜午後1時30分	昼食（カフェテリア）
午後2時〜午後4時	パネル・ディスカッション（会議室1）
午後4時30分〜午後6時	閉会式（メインホール）

1. 開会式はどこで行われますか。
   (A) オレンジルーム
   (B) メインホール
   (C) 会議室 1
   (D) カフェテリア

2. ビジネス・ケース・スタディ II は何時に始まりますか。
   (A) 午前 9 時
   (B) 午後 12 時 30 分
   (C) 午後 1 時
   (D) 午後 4 時 30 分

WORDS □ registration（名 登録） □ ceremony（名 式） □ keynote（名 基本方針、基調）
□ address（名 演説） □ panel discussion（名 パネル・ディスカッション）

COLUMN

設問が2問の読解問題はスピードに注意

読解セクションに入ると最初に設問が 2 問の問題が出てきます。文も比較的短く、設問も 2 問なら比較的容易に答えられそうですが、つい時間をかけすぎてしまうことがあります。設問が 2 問ということは長くても 2 分ぐらいで答えてしまう必要があります。そうしないと最後のほうで時間がなくなってしまうので、スピードに注意が必要です。

Part 7のルールのまとめ > 355ページを参照

UNIT 32
記入用紙はタイトルと項目を確認

POINT

Part 7 には、記入用紙のような書式も出題されます。**タイトルや項目などを最初にざっと確認し、「何のためのフォームか」、「どのような人が記入するのか」などをつかんでおきましょう。**

ポイントを確認しながら、次の設問を読みましょう。

1. What is the purpose of filling out this form?
   (A) To write the name and address
   (B) To tell a customer about a service
   (C) To get a free repair on the product
   (D) To get a second product for free

ルール 121
「目的」はタイトルと冒頭部分を見る

2. What can Ms. Simpson get for giving her e-mail address?
   (A) Warranty
   (B) Repair service
   (C) Gift certificate
   (D) Information on new products

ルール 122
キーワードを手がかりに必要な情報を探す

Questions 1-2 refer to the following registration card.
次に、設問の答えを探しながら、英文を読みましょう。

ルール 118
文書タイプを確認する

Warranty Registration Form

設問 1 のヒント

Register your Elesophy product by completing this registration form. It is a very important step to get a free repair service when you need it. Once you register for our warranty service, you will automatically be entered into our monthly draw for a chance to win a gift certificate. If you include your e-mail address on this form, we will inform you of any new products by sending out our monthly newsletter. Fill out the following form to obtain your warranty and send it to the following address.

設問 2 のヒント

Elesophy
Parks Avenue 127
LA ASL041

Name:	Thelma Simpson
Address:	2565 E. 1st st. Phoenix, Arizona 85001
Phone number:	602-555-7000
E-mail address:	thelmasim@emailserver2017.com
Product ID #:	aj6w8925

ルール 118　文書タイプを確認する

Questions 1-2 refer to the following registration card. から、文書タイプは記入用紙とわかります。さらに、タイトル Warranty Registration Form からは「保証申込書」であることがわかります。warranty は TOEIC 頻出単語ですので、しっかりおぼえておきましょう。また、どんな記入項目があるのか、ざっと確認しておくことが大切です。registration card の他、application form（申込書）、order form（注文用紙）、subscription form（購読申込書）などもよく出題されます。

ルール 121　「目的」はタイトルと冒頭部分を見る

設問 1 は「用紙を記入する目的」について尋ねています。「目的」はタイトルや冒頭部分から読み取ります。タイトルから「保証申込書」とわかれば、目的は「保証を受けること」と考えることができます。さらに、本文の冒頭部分に It is a very important step to get a free repair service when you need it. とあります。したがって、(C)「製品の修理を無料で受ける」が正解です。

ルール 122　キーワードを手がかりに必要な情報を探す

設問 2 は「E メールアドレスを知らせたらもらえるもの」について尋ねています。このような「詳細情報」に関する設問は、キーワードを手掛かりに、必要な情報を探しながら英文を読みます。ここでは e-mail address をキーワードに情報を探していくと、If you include your e-mail address on this form, we will inform you of any new products とあり、正解は（D）とわかります。

訳 問題1～2は次の登録カードに関するものです。

保証申込書

この登録用紙に記入して、お持ちのElesophy社製品を登録してください。これは必要なときに無料修理サービスを受けるための非常に重要なステップです。弊社の保証サービスにお申し込みいただくと、毎月の商品券の抽選に自動的に登録されます。この用紙にEメールアドレスをご記入いただいた方には、弊社の月刊会報をお送りし、新製品についてお知らせいたします。
保証を受けるには、下の登録用紙に記入して、下記の住所までご送付ください。

Elesophy
Parks Avenue 127
LA ASL041

お名前： Thelma Simpson
ご住所： 2565 E. 1st st. Phoenix, Arizona 85001
お電話番号： 602-555-7000
Eメールアドレス： thelmasim@emailserver2017.com
製品番号： aj6w8925

1. この用紙に記入する目的は何ですか。
(A) 名前と住所を書くこと
(B) サービスについて顧客に知らせること
(C) 製品の修理を無料で受けること
(D) 2つ目の製品を無料で獲得すること

2. Eメールアドレスを知らせると、Simpsonさんは何を得ることができますか。
(A) 保証
(B) 修理サービス
(C) 商品券
(D) 新製品の情報

UNIT 32

WORDS
- warranty (名 保証)
- registration (名 登録)
- complete (他動 ～のすべての項目に記入する)
- form (名 書式)
- automatically (副 自動的に)
- gift certificate (名 商品券)
- fill out ～ (～に記入する)

練習問題

次の英文を読んで、問題に答えましょう。

Questions 1-2 refer to the following subscription form.

Subscription Form

If you wish to subscribe to the Popular Products magazine, please complete this form and submit it by clicking the submit button.

Name:		*
Street/number:		*
City:		*
State:		*
Country:		*
Phone:		*
Fax:		
E-mail:		*

(Fields marked with * are mandatory.)

Payment Methods:

□ Bank transfer

□ Credit Card

Choose from one of the payment options above. We will then send you out a payment form by e-mail, which you need to e-mail or if you prefer, print and fax back to us.

Should you have any questions, please call or e-mail us at:

Popular Products

12534 E. 1st st. Lakewood, Washington 98499

Phone: 1-800-555-5469 Fax: 1-800-555-5470

E-mail: customer-service@popular-products.com

SUBMIT

1. Which of the following is the prospective subscriber required to give?
   (A) Credit card number
   (B) Name of the employer
   (C) Telephone number
   (D) Fax number

2. How can interested people begin the subscription process?
   (A) By faxing the form
   (B) By signing up online
   (C) By phoning the company
   (D) By posting the form

解答と解説

1.

解説 書式は「申込書」なので、最初にタイトルと各項目を確認しましょう。記入項目の下に Fields marked with ＊ are mandatory. という注意書きがあります。mandatory は「必須の」という意味なので、各選択肢に当たる項目に＊がついているかどうかを確認します。＊がついているのは Phone の欄です。選択肢では Telephone number と言い換えられていますが、必ず記入しなければならないのは（C）とわかります。（A） Credit card number、（B） Name of the employer については記入欄がありません。また、（D） Fax number の欄には＊がついていません。

正解 (C)

2.

解説 「購読手続きを開始するための方法」が問われています。本文の冒頭に If you wish to subscribe to the Popular Products magazine, please complete this form and submit it by clicking the submit button. とあるので、それに一番近い（B）By signing up online が正解になります。（A）は支払いに関する方法。（C）は問い合わせの方法。また、（D）の郵送に関する記述はありません。

正解 (B)

訳 問題１～２は次の購読申込フォームに関するものです。

購読申込フォーム

Popular Products 誌の購読をご希望の場合は、このフォームに記入し、送信ボタンをクリックしてください。

お名前：		*
通り／番地：		*
市：		*
州：		*
国：		*
お電話：		*
ファックス：		
E メール：		*

（*印のついた項目は必須）

お支払い方法：
☐ 銀行振り込み
☐ クレジットカード
上記の支払い方法から１つ選んでください。E メールにて支払い用紙をお送りしますので、それをＥメールで返信するか、あるいはご希望であれば、印刷し、弊社までファックスしてください。

ご不明な点がおありの場合は、電話または E メールでご連絡ください。
Popular Products
12534 E. 1st st. Lakewood, Washington 98499
電話：1-800-555-5469
ファックス：1-800-555-5470
E メール：customer-service@popular-products.com

送信

1. 次の中で購読予定者が記入する必要があるのはどれですか。
   (A) クレジットカード番号
   (B) 雇用主の名前
   (C) 電話番号
   (D) ファックス番号

2. 興味を持った人は、どのようにすれば、購読手続きを開始することができますか。
   (A) 申込書をファックスする
   (B) オンラインで申し込む
   (C) 会社に電話する
   (D) 申込書を郵送する

UNIT 32

WORDS ■ subscription（名 購読） ■ subscribe to ～（～を購読する）
■ complete（他動 ～のすべての項目に記入する） ■ submit（他動 ～を提出する）
■ method（名 方法） ■ option（名 選択肢）

COLUMN

英語設定にして画面を確認

TOEIC では書式や設定画面などの問題も出てきます。そのため、パソコンのブラウザーやスマホの言語を英語に設定して、いろいろな画面を英語で見るのもよい練習になります。英語版のウェブショップの画面を確認するのも役立ちます。海外のネットオークションで試しに何か買ってみるのも良い練習です。注文から受け取りまで全部のプロセスを経験することができるので、とても参考になります。最初は安価なもので試してみるとよいでしょう。

Part 7のルールのまとめ > 355ページを参照

UNIT 33
広告・通知文は、読み手を意識する

POINT

Part 7では広告・通知文なども出題されます。**広告・通知文では、まず、タイトル部分を確認しましょう。また、「誰に向けられた内容なのか」を意識しながら読むことが大切です。**

ポイントを確認しながら、次の設問を読みましょう。

1. Which of the following is NOT mentioned?
   (A) Watch material
   (B) The company's telephone number
   (C) Life of battery
   (D) Product advantages

ルール 123
NOT問題は消去法で解く

2. What can the customer get for ordering two watches?
   (A) A 5% discount on the second watch
   (B) Free shipment
   (C) Diving lessons
   (D) A free gift

ルール 124
「詳細情報」はキーワードを探しながら読む

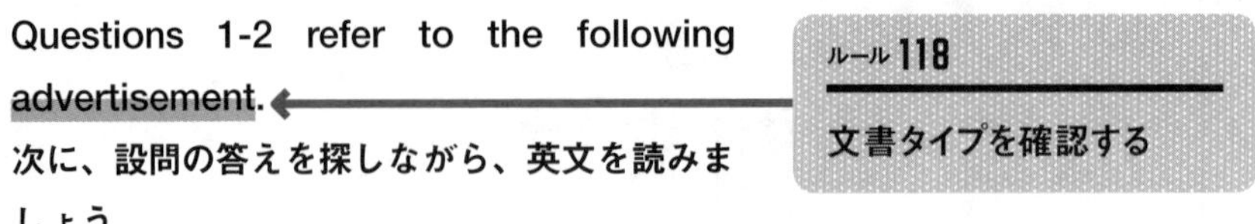

Questions 1-2 refer to the following advertisement.
次に、設問の答えを探しながら、英文を読みましょう。

Coral Diving Watch - CDW200

Look cool with our diving watch designed by divers for divers

Our diving watch was chosen as the coolest-looking diving watch of the year by the readers of several fashion magazines, so even if you are not a diver, you still have a good reason to choose our watch. Impress your friends with our diving watch!

- Stainless steel case and bracelet
- Precision quartz movement
- Water resistant to 200 meters
- Orange dial, black hands
- Regular price: $325.00
- Sale price: $285.00

設問 1 のヒント

All watches come with a two-year warranty! If you buy two watches, you'll get free shipment and a 5 percent discount coupon valid for any one future purchase.

設問 2 のヒント

Coral Diving Watch
1-800-555-2355
info@coraldivingwatch.com

ルール 118 文書タイプを確認する

まず Questions 1-2 refer to the following advertisement. から、文書が広告であることを確認します。広告では、どのような商品・サービスを宣伝しているのか、どのような人に向けて宣伝しているのかを意識して読むことが大切です。

ルール 123 NOT 問題は消去法で解く

設問 1 は、設問中に NOT が入った問題で、「言及されていないこと」を選びます。NOT 問題では、まず選択肢に目を通し、1 つずつ英文の内容と照らし合わせながら、言及されているかどうかを検討する必要があります。腕時計の仕様や特徴については、本文の中ほどに箇条書きされています。

(A)「時計の材質」については、箇条書きの 1 つ目に書かれているので、消去できます。(D)「製品の利点」については、箇条書きの 2 番目の正確なクォーツムーブメント、3 番目の耐水性などが挙げられているので、候補から消去できます。(B)「会社の電話番号」については、広告の一番下に記されていますので、これも消去できます。(C)「電池の寿命」に関する言及はないので、これが正解です。

ルール 124 「詳細情報」はキーワードを探しながら読む

設問 2 では、「時計を 2 つ買った場合に得られるもの」について尋ねています。このような「詳細情報」に関する設問は、本文中に答えが明確に述べられていますので、キーワード two watches を探しながら、本文を読みます。本文の最後の文に If you buy two watches ～ とあり、その後を詳しく読むと、(B) の無料配送が正解とわかります。(A) は少し紛らわしいのですが、本文には a 5 percent discount coupon valid for any one future purchase とあり、今回の買い物ではなく、今後の買い物に対する割引なので、誤り。また、(C)、(D) についての言及はありません。

訳 問題1～2は次の広告に関するものです。

Coral Diving Watch - CDW200

ダイバーがダイバーのためにデザインしたダイビングウォッチでかっこよく見せよう

当社のダイビングウォッチは、ファッション誌数誌の読者によって、今年の最高にかっこいいダイビングウォッチに選ばれました。たとえダイバーではなくても、このダイビングウォッチを選ぶのは当然のことです。当社のダイビングウォッチで友達にいいところを見せましょう！

- ステンレス製のケースとブレスレット
- 正確なクォーツムーブメント
- 200m 防水
- オレンジ色の文字盤、黒い針
- 通常価格：325 ドル
- セール価格：285 ドル

すべての腕時計に2年間の保証がつきます！ 2点ご購入いただければ、送料無料となる上、今後のお買い物にお使いいただける5パーセント割引クーポンを差し上げます。

Coral Diving Watch
1-800-555-2355
info@coraldivingwatch.com

1. 言及されていないのは次のどれですか。
   (A) 腕時計の材質
   (B) 会社の電話番号
   (C) 電池の寿命
   (D) 製品の利点

2. 腕時計を2点注文すると、客は何を得ることができますか。
   (A) 2つ目の時計の5%割引
   (B) 無料配送
   (C) ダイビングのレッスン
   (D) 無料の景品

WORDS □ material (名 材料) □ life (名 寿命) □ shipment (名 配達) □ warranty (名 保証)

練習問題

次の英文を読んで、問題に答えましょう。

Questions 1-2 refer to the following notice.

Road Work Notice: Arapaho Ave.

Contact: Mark Hawk, Project Manager
City of Grand Junction

The 20XX Pavement Patching Project is scheduled to begin construction work on Arapaho Ave. on September 10, 20XX. Construction is expected to be completed by September 25.

New storm drainage pipes will be installed under Arapaho Ave., pavement patching will be carried out as necessary, and the curbs and gutters will also be replaced in some sections.

For more information, contact the Public Works Department at 555-8301.

1. What is the purpose of the notice?
   (A) To inform the reader of construction work
   (B) To repair the road
   (C) To ask questions about the construction
   (D) To call the Public Works Department

2. Which of the following is NOT mentioned in the notice?
   (A) Name of a contact person
   (B) How to get more information
   (C) Location of work
   (D) Estimated cost

解答と解説

1.

解説 通知の「目的」を尋ねる設問。タイトル部分に Road Work Notice と書いてあるので、工事についての通知文とわかります。したがって、(A)が正解です。(B)の「道路を補修すること」は、通知ではなく工事の目的です。(C)「工事についての質問をすること」、(D)「公共事業部に電話すること」は、どちらも通知の目的ではありません。

正解 (A)

2.

解説 NOT 問題ですので、各選択肢を本文の内容と照らし合わせながら検討します。(A)の「担当者の名前」は、2行目に Contact という見出しで明記されています。(B)の「詳しい情報の入手方法」については、最後に書かれています。(C)の「工事の場所」については、タイトル部分に Arapaho 通りとあり、本文にも繰り返し出てきます。(D)の「推定費用」については、本文に記述がないので、これが正解です。

正解 (D)

訳 問題1～2は次の通知に関するものです。

道路工事のお知らせ：Arapaho 通り

連絡先：計画担当者 Mark Hawk
City of Grand Junction

20XX 年舗装補修計画により、Arapaho 通りで 20XX 年9月10日に工事を開始する予定です。工事は9月25日までに完了する予定となっております。

Arapaho 通りの下に新しい雨水排水管を設置し、必要な舗装補修を行い、またいくつかの区間では、縁石や排水溝も交換されます。

詳細については、公共事業部 555-8301 までお問い合わせください。

1. 通知の目的は何ですか。
   (A) 読み手に建設工事について知らせること
   (B) 道路を補修すること
   (C) 工事についての質問をすること
   (D) 公共事業部に電話すること

UNIT 33

2. 次のうち、通知の中で述べられていないことはどれですか。
   (A) 担当者の名前
   (B) 詳しい情報の入手方法
   (C) 工事の場所
   (D) 推定費用

WORDS
□ contact（名 連絡先） □ be expected to ～（～することになっている）
□ drainage（名 排水） □ install（他動 ～を設置する） □ pavement（名 舗装）
□ patching（名 補修） □ curb（名 縁石） □ gutter（名 排水路）

COLUMN

two-year warranty「2年保証」

ここの two-year のところが複数形になるのではとお考えの方もいらっしゃると思います。このようにハイフンでつないで使う場合は複数形にはしません。他の例：three-week vacation「3 週間の休暇」、two-day seminar「2 日間のセミナー」
複数形にする使い方では、three weeks' vacation のように所有格にして使います。この場合はハイフンはつけません。

Part 7のルールのまとめ > 355ページを参照

UNIT 34

Eメール・手紙は、書き手と読み手を確認

POINT

Eメールや手紙では、「誰が誰に書いたのか」がはっきり示されています。Eメールと手紙の場合は、まずヘッダーやレターヘッド、署名をざっと見て、「誰が誰に書いているのか」確認することが大切です。

ポイントを確認しながら、次の設問を読みましょう。

1. Why is Ms. Watkins writing to Mr. Rorick?
   (A) To ask him to visit her business partner
   (B) To notify him of an international conference
   (C) To tell him that she will be out of town
   (D) To accept a special offer

ルール 126
「目的」は、件名と本文の最初の部分を見る

2. Where does Ms. Watkins probably live?
   (A) Los Angeles
   (B) Bangkok
   (C) Houston
   (D) Texas

ルール 127
「場所」は関連語句を拾いながら本文を読む

Questions 1-2 refer to the following e-mail.
次に、設問の答えを探しながら、英文を読みましょう。

ルール 118
文書タイプを確認する

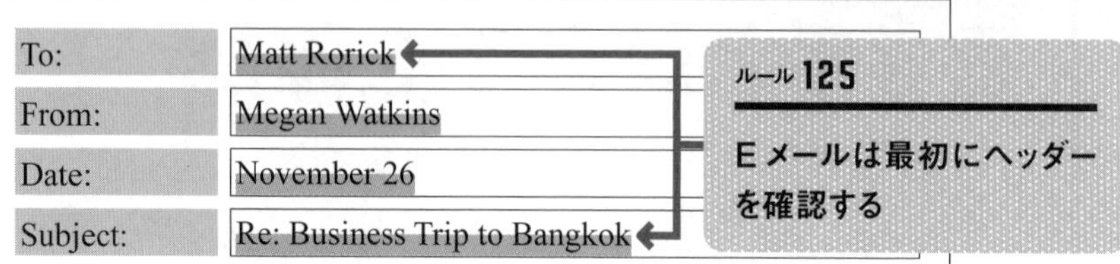

To: Matt Rorick
From: Megan Watkins
Date: November 26
Subject: Re: Business Trip to Bangkok

Dear Matt,

Thank you for your e-mail of November 25, telling me all your news. I am happy to hear that you are doing well in Los Angeles.

I was surprised to hear that you are coming to Bangkok next month to attend an international conference. Unfortunately, I have to visit my business partner in Houston, Texas in the first week of December and I've already made arrangements to go to the U.S.

設問 1 のヒント

I asked my Thai coworker to guide you around while you are in Bangkok. Also, I can recommend some nice hotels which offer some special rates if you want. Please let me know if you are interested. I hope you will have a wonderful time here in Bangkok.

設問 2 のヒント

Best regards,
Megan Watkins

ルール 125 Eメールは最初にヘッダーを確認する

はじめに、Questions 1-2 refer to the following e-mail. の部分から、文書タイプがEメールであることを確認します。

Eメールの場合、ヘッダーで送信者と宛先を確認しましょう。特に、設問文や選択肢に具体的な人名が出てくる場合には、2人が誰で、どんな関係なのかを把握しておく必要があります。Matt の苗字はヘッダーで確認できます。

ルール 126 「目的」は、件名と本文の最初の部分を見る

設問1は「目的」を問う設問です。Eメールの用件は、ヘッダーの Subject（件名）に書かれています。また、英文では重要なことは最初に書くという一般的なルールがあるため、多くの場合、本文の最初の部分で明確に述べられます。例題では、件名に Re: Business trip to Bangkok とあり、「バンコクへの出張」に関するEメールへの返信とわかります。次にEメールの本文を見ると、最初の段落にはあいさつがあり、用件はその次の段落に I have to visit my business partner in Houston, Texas ～ I've already made arrangements to go to the U.S. と書かれています。選択肢では言い換えられていますが、「ヒューストンへの出張のための手配をしてしまったこと」にもっとも近いのは、(C) の To tell him that she will be out of town です。

ルール 127 「場所」は関連語句を拾いながら本文を読む

設問2は「場所」を尋ねています。設問文に probably や likely がある場合、具体的な情報が明記されていないことが多く、本文の内容から推測する必要があります。

地名を拾いながら本文を読んでいくと、Eメールを受け取った Rorick さんがバンコクを訪れる予定であること、送信者の Watkins さんはその時期ヒューストンへ行く予定で、タイ人の同僚にバンコクを案内するよう頼んだとあります。したがって、Watkins さんはバンコクに住んでいると考えられます。

訳 問題 1 ～ 2 は次の E メールに関するものです。

宛先：Matt Rorick
送信者：Megan Watkins
日付：11 月 26 日
件名：Re: バンコクへの出張

Matt へ

あなたの近況を伝える 11 月 25 日の E メールをありがとう。ロサンゼルスでの順調な様子を伺って嬉しく思います。

あなたが国際会議に出席するために来月バンコクにいらっしゃると聞いて驚きました。残念ながら、12 月の最初の週はテキサス州ヒューストンの取引先を訪ねなければならず、すでにアメリカ行きの手配をしてしまいました。

バンコク滞在中に、あなたをあちこち案内してくれるようにタイ人の同僚に頼んでおきました。もしよろしければ、特別料金で泊まれるいいホテルもお勧めできます。ご興味がありましたらお知らせください。
バンコクですばらしい時を過ごすことを願っております。

敬具
Megan Watkins

1. なぜ Watkins さんは Rorick さんにメールを書いているのですか。
   (A) 彼に彼女の取引先を訪ねるように頼む
   (B) 国際会議について彼に知らせる
   (C) 不在であることを彼に知らせる
   (D) 特別なオファーを受け入れる

2. Watkins さんはどこに住んでいると思われますか。
   (A) ロサンゼルス
   (B) バンコク
   (C) ヒューストン
   (D) テキサス

WORDS
- unfortunately (副 残念ながら)
- arrangement (名 準備、手配)
- recommend (他動 ～を推薦する)
- offer (他動 ～提供する、名 提供〔品〕、申し出)

練習問題

次の英文を読んで、問題に答えましょう。

Questions 1-2 refer to the following letter.

Executive Office Furniture
4595. S. Tennessee Ave. Chicago, IL 60601
773-555-9911

Sonya Cassel
1595 Federal St.
Jackson, Wyoming 83001
April 9

Dear Ms. Cassel,
Thank you very much for your order of April 3. Unfortunately, the black automatic executive chair that you ordered is currently out of stock. We made inquiries about the product, but the manufacturer told us that they are short of electronic parts and they are not sure when they can ship the product to us. However, they told us that they do have some brown ones in stock. Please let me know whether you would like to wait for the black one or get the brown one instead.

Sincerely,
Tim Anderson
Tim Anderson
Vice President

1. What is the purpose of the letter?

(A) To tell Ms. Cassel about her order

(B) To ask Ms. Cassel to pay for the product

(C) To inform Ms. Cassel of a product defect

(D) To notify Ms. Cassel that the product is out of order

2. What can be inferred about Ms. Cassel's order?

(A) It was cancelled.

(B) It was completed.

(C) It was suspended.

(D) It was ignored.

解答と解説

1.

解説 手紙の「目的」が問われているので、冒頭部分を探します。第2文に Unfortunately, the black automatic executive chair that you ordered is currently out of stock. とあり、Cassel さんの注文が在庫切れとなっていることを伝えています。これが手紙の用件で、これに最も近い選択肢は (A) To tell Ms. Cassel about her order. です。(B) 料金の支払い、(C) 商品の欠陥、(D) 商品の故障についての言及はありません。

正解 (A)

2.

解説 What can be inferred about ～？（～についてどんなことが推測できるか）は Part 7 でよく出題される設問で、英文の内容からの推測が求められます。Cassel さんの注文について、第2文に out of stock（品切れ）とあり、次に「いつ発送できるかわからない」と書かれているので、(B)「完納された」は誤りとわかります。また、最後の文で「黒の商品を待つか、茶色の商品に変更するか」と意向を尋ねていることから、(C) の「一時中断された」が正解とわかります。(A) の「注文のキャンセル」に関しては、本文に記述がありません。また、問い合わせの手紙を書いていることから、(D) の「無視された」も誤りです。

正解 (C)

UNIT 34

訳 問題1～2は次の手紙に関するものです。

Executive Office Furniture
4595. S. Tennessee Ave. Chicago, IL 60601
773-555-9911

Sonya Cassel
1595 Federal St.
Jackson, Wyoming 83001
4月9日

Cassel 様
4月3日にご注文をいただき、ありがとうございます。残念ながら、ご注文いただきました黒の自動エグゼクティブチェアは現在在庫を切らしております。商品について問い合わせましたところ、製造元は電子部品が不足しているため、いつ製品を発送できるのかわからないとのことです。しかしながら、茶色の製品なら在庫があるとのことでした。黒の製品をお待ちになるか、代わりに茶色の製品をお買い上げになるか、ご希望をお知らせください。

敬具

(署名)
Tim Anderson
副社長

1. この手紙の目的は何ですか。
   (A) Cassel さんに彼女の注文について伝えるため
   (B) Cassel さんに商品の代金の支払いを依頼するため
   (C) Cassel さんに商品の欠陥について伝えるため
   (D) Cassel さんにその商品は故障していると通知するため

2. Cassel さんの注文に関してどんなことが推測できますか。
   (A) キャンセルされた。
   (B) 完納された。
   (C) 一時中断された。
   (D) 無視された。

WORDS
- automatic (形 自動の)
- executive (名 重役)
- out of stock (在庫がない)
- inquiry (名 問い合わせ、照会)
- be short of ～ (～が足りない)
- electronic part (名 電子部品)
- in stock (在庫がある)
- instead (副 その代わりに)
- vice president (名 副社長)
- out of order (故障中で)
- complete (他動 ～を完了する、～を完成させる)

Part 7のルールのまとめ > 355ページを参照

UNIT 35 テキストメッセージは流れをつかもう

POINT

テキストメッセージは複数の書き手の間で交わされる会話のような、流れのあるリーディングです。リスニングの Part 3 と似ています。そのため、まず誰が誰とどのような状況でテキストをやりとりしているのかを把握することがとても大切です。

ポイントを確認しながら、次の設問を読みましょう。

1. What does Ms. Burch most likely do at the company?
   (A) She handles customer complaints at the call center.
   (B) She is in charge of the finance section of the company.
   (C) She plans sales promotion events for new products.
   (D) She works in the research section.

ルール 128

設問をヒントにメッセージの内容を予想する

ルール 129

場面や書き手を確認する

2. At 10:05 A.M., what does Mr. Bianco mean when he writes, "That'll do"?
   (A) He thinks a draft will help.
   (B) He thinks Mary's proposal is good.
   (C) He wants Mary to revise once more.
   (D) He wants to add more graphics.

ルール 130

表現の意図を問う問題は、「時刻」、「書き手」、「表現」を確認する

次に、設問の答えを探しながら、英文を読みましょう。

Questions 1-2 refer to the following text message chain.

Brian Bianco [9:42 A.M.]
Hi. I called you several times but didn't get through. Are you OK?

Mary Burch [9:51 A.M.]
I am in a meeting now and cannot talk on the phone. What's up?

設問 1 のヒント

Brian Bianco [9:55 A.M.]
I am just wondering about the market analysis report you said you would send me today. We'd like to have it as soon as possible so that we can prepare graphics to go with it.

設問 2 のヒント

Mary Burch [9:58 A.M.]
Sorry. I was gonna send the report after the meeting, but it is taking longer than I expected. I sent the draft to Jill last week. Maybe it is best if you contact her.

Brian Bianco [10:05 A.M.]
That'll do. I will talk with Jill about it. Thanks.

ルール 128 設問をヒントにメッセージの内容を予想する

設問 1 は、What does Ms. Burch most likely do at the company? と会社での Burch さんのポジションを尋ねる設問なので、テキストメッセージは仕事に関係する内容であることがわかります。

ルール 129 場面や書き手を確認する

本文を読むと、テキストメッセージは Bianco さんと Burch さんの間で交わされていること、Burch さんが market analysis report（市場分析レポート）を書いていることがわかります。また、Bianco さんが Burch さんのレポートを待っていることもわかります。Burch さんの仕事はレポートを書くことなので、設問 1 の選択肢の中で最も妥当と考えられるのは、(D) She works in the research section.（彼女はリサーチ部門で働いている）です。

ルール 130 表現の意図を問う問題は、「時刻」、「書き手」、「表現」を確認する

"That'll do." は「それで間に合うでしょう」のような意味です。状況から判断すると、Burch さんはしばらくレポートを送れそうにありません。しかし、先週 Burch さんは Jill さんに下書きを送っていると書いています。それに対し、Bianco さんは "That'll do."（それで間に合うでしょう）と答えました。設問 2 の選択肢の中で最も意味が近いと考えられるのは、(A) He thinks a draft will help.（彼は下書きでも役立つと思っている）です。

訳 問題 1 ～ 2 は次のテキストメッセージのやりとりに関するものです。

Brian Bianco ［午前 9 時 42 分］
こんにちは。何回か電話したんですが、つながりませんでした。大丈夫ですか。

Mary Burch ［午前 9 時 51 分］
今ミーティングの最中で、電話で話せないんです。どうしたのですか。

Brian Bianco ［午前 9 時 55 分］
今日あなたが送ってくれるって言っていた市場分析レポートについてどうしたのかなと思っていました。資料につける画像の準備もあるので、できるだけ早く受け取りたいんです。

UNIT 35

Mary Burch［午前 9 時 58 分］
すみません。ミーティング後に送ろうと思っていたのですが、思っていたより長引いています。先週 Jill に下書きを送ったのですが、彼女に連絡してみていただけませんか。

Brian Bianco［午前 10 時 5 分］
それでなんとかなります。Jill と話します。ありがとう。

1. 会社での Burch さんの仕事は何である可能性がもっとも高いですか。
   (A) 彼女はコールセンターでお客様からの苦情に対応しています。
   (B) 彼女は会社の財務部門の責任者です。
   (C) 彼女は新製品の販促イベントを企画しています。
   (D) 彼女はリサーチ部門で働いています。

2. 午前 10 時 5 分に、Bianco さんが書いている “That’ll do” は、何を意味していると考えられますか。
   (A) 彼は下書きが役立つと思っている。
   (B) 彼は Mary の提案書は良いと思っている。
   (C) 彼は Mary にもう一度書き直してもらいたいと思っている。
   (D) 彼はもっと図を追加したいと思っている。

WORDS
- costumer complaint（名 顧客の苦情）
- finance section（名 財務部門）
- proposal（名 提案書）
- revise（他動 ～を書き直す）
- get through（〔電話が〕通じる、連絡がつく）
- talk on the phone（電話で話す）
- market analysis report（名 市場分析報告書）
- prepare（他動 ～を準備する、作成する）
- graphic（名 図）
- go with ～（～に伴う、～に合わせる、～に付随する）
- (take) longer than I expected（思っていたより長くなる）
- draft（名 下書き、草案）
- it is best if you ～（あなたが～するのが最良です）

draft（草案、下書き）は rough draft（ラフな草案、下書き）、first draft（第一稿）、final draft（確定案）などのように使います。また、draft（英：draught）には「冷たい風、注ぐこと」などの意味もあり、draft（すきま風）や draft beer（生ビール）〈米〉（〈英〉では draught beer）といった表現もあります。

練習問題

英文を読んで、問題に答えましょう。

Questions 1-2 refer to the following text message chain.

Kim White [14:25]
I am on my way to the office, but I got caught in a traffic jam. Could you tell Mr. Benson that I will be a little late?

Greg Wang [14:28]
Sure. Our online meeting with Zhivago International will begin in about one hour. Do you think you can make it?

Kim White [14:32]
I think so. According to the traffic updates on the radio, the roads are clogged due to construction. I am almost through it, so I should be OK.

Greg Wang [14:36]
Is there anything I can help with? Are you using the new presentation software?

Kim White [14:42]
Planning to. Could you start up the computer in the meeting room?

Greg Wang [14:48]
I will. Anything else?

Kim White [14:51]
Thanks. That's about it. See you in a bit.

1. At 14:28, what does Mr. Wang most likely mean when he says, "Do you think you can make it?"

(A) He thinks coming late to a meeting is unacceptable.
(B) He wonders if Ms. White can come to the meeting on time.
(C) He is concerned that Ms. White is not prepared for the meeting.
(D) He is wondering if Ms. White can help him.

2. What will Ms. White probably do at the meeting?

(A) She will talk about new products at the meeting.
(B) She will run to the meeting room.
(C) She will give a presentation using a computer.
(D) She will evaluate various data at the meeting.

解答と解説

1.

解説 テキストメッセージでは書き手が誰かや状況を把握することがとても重要です。White さんは渋滞のため少し遅れそうだと連絡してきました。Wang さんは会議に間に合うかどうか心配して、Do you think you can make it? と尋ねました。make it には「時間に間に合う」の意味があります。選択肢の中で最も意味が近いのは He wonders if Ms. White can come to the meeting on time.（彼は White さんが会議に時間通りに来ることができるかどうか知りたいと思っている）で、これが答えになります。

正解 (B)

2.

解説 White さんが会議で何をするのかが問われています。Are you using the new presentation software?（新しいプレゼンソフトを使いますか）や Could you start up the computer in the meeting room?（会議室のパソコンを起動しておいていただけますか）などがヒントとなります。これらから、White さんはパソコンを使ってプレゼンテーションを行うつもりらしいことがわかります。そのため、答えは She will give a presentation using a computer.（彼女はパソコンを使ってプレゼンテーションをする）になります。

正解 (C)

訳 問題 1 ～ 2 は次のテキストメッセージのやりとりに関するものです。

Kim White［午後 2 時 25 分］
事務所に向かっているのですが、渋滞にはまってしまいました。Benson さんに少し遅れると伝えていただけませんか。

Greg Wang［午後 2 時 28 分］
もちろんです。Zhivago International とのオンラインミーティングがあと 1 時間ぐらいで始まりますが、間に合いそうですか。

Kim White［午後 2 時 32 分］
大丈夫だと思います。ラジオの最新の交通情報によると工事で渋滞しているとのことです。もう少しでほぼ渋滞を越せるので、大丈夫なはずです。

Greg Wang［午後 2 時 36 分］
何か手伝えることはありますか。新しいプレゼンテーションのソフトを使うのですか。

Kim White［午後 2 時 42 分］
そのつもりです。会議室のパソコンを起動しておいていただけませんか。

Greg Wang［午後 2 時 48 分］
わかりました。他にはありませんか。

Kim White［午後 2 時 51 分］
ありがとう。それぐらいです。ではすぐ後で。

1. 午後 2 時 28 分に、Wang さんが言っている "Do you think you can make it?" は、何を意味していると考えられますか。
   (A) 彼は会議に遅れて来ることは許されないと考えている。
   (B) 彼は White さんが会議に時間どおりに来られるのか知りたいと思っている。
   (C) 彼は White さんが会議の準備ができていないのではないかと心配している。
   (D) 彼は White さんが彼の手伝いを何かできないかと思っている。

2. White さんは会議で何をすると考えられますか。
   (A) 彼女は会議で新製品について話す。
   (B) 彼女は会議室まで走って行く。
   (C) 彼女はパソコンを使ってプレゼンテーションをする。
   (D) 彼女は会議で多様なデータを評価する。

WORDS
- get caught in ～（～に巻き込まれる、～にはまる）
- traffic jam（名 交通渋滞）
- online meeting（名 オンライン会議、インターネット会議）
- make it（時間に間に合う）
- according to ～（～によると）
- update（名 最新情報）
- clogged（形 詰まっている）
- due to ～（～のため）
- construction（名 建設、工事）
- be almost through（ほとんど～から抜け出している）
- presentation software（名 プレゼンテーション・ソフト）
- start up（起動する）
- That's about it.（それくらいです）

Part 7のルールのまとめ > 355ページを参照

UNIT 36
文の位置を答える問題は流れから判断しよう

POINT

文を挿入する場所を答える問題は、短時間で文をどこに入れるのかを判断するのが難しいです。**まずは冷静にヒントになる言葉がないかを確認します。時間をかけすぎないよう注意しましょう。**

ポイントを確認しながら、次の設問を読みましょう。

1. What is the purpose of this email?
   (A) To ask for payment
   (B) To defer payment
   (C) To announce a special campaign
   (D) To purchase a new computer

> ルール 131
> メールの「目的」はまず件名を確認する

2. How can Ms. King use the coupon at the Downtown Shop?
   (A) By printing and showing it at the register
   (B) By presenting it to a guard
   (C) By entering the coupon code
   (D) By trading it in at a shop

> ルール 132
> 詳細を尋ねる問題は、キーワードに注意

3. In which of the position marked [1], [2], [3], and [4] does the following sentence best belong?

   "For the latter, please enter the coupon

> ルール 133
> 文の場所を選ぶ問題は、ヒントになるキーワードがないか確認する

code in the coupon code box to be entitled to the discount."

(A) [1]
(B) [2]
(C) [3]
(D) [4]

次に、設問の答えを探しながら、英文を読みましょう。

Questions 1-3 refer to the following e-mail.

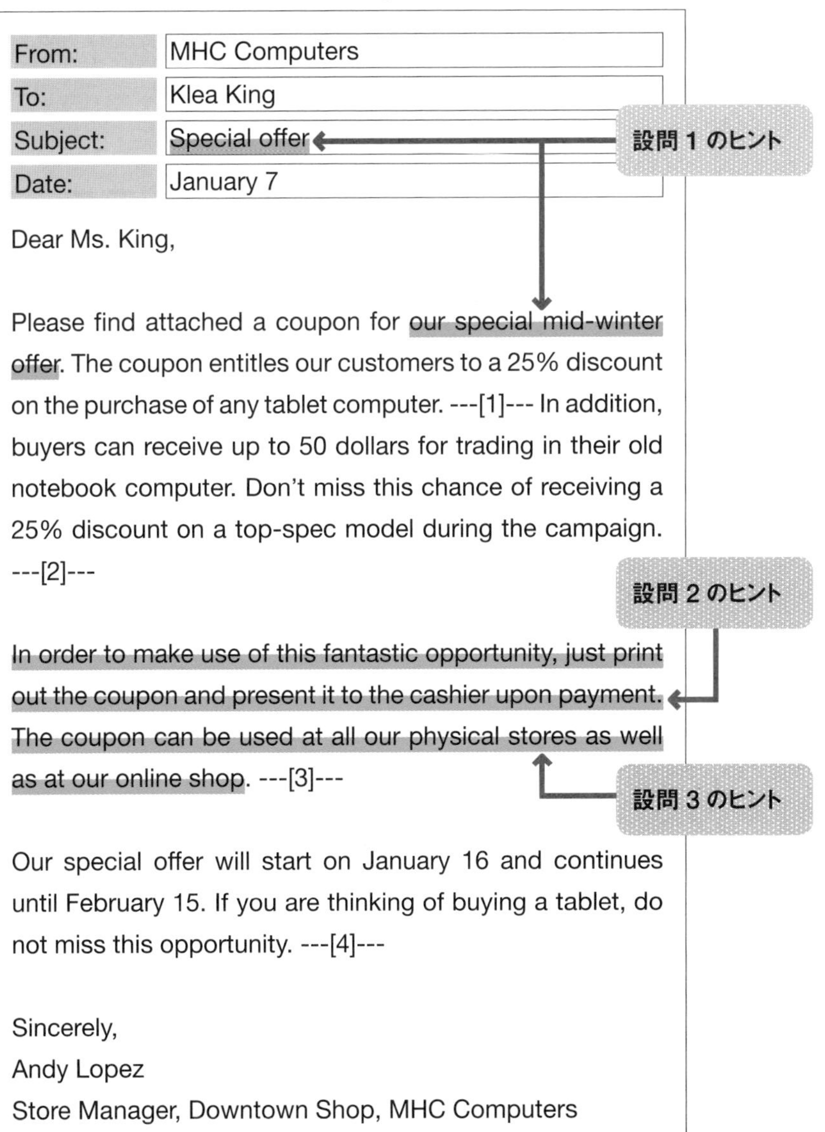

From:	MHC Computers
To:	Klea King
Subject:	Special offer
Date:	January 7

Dear Ms. King,

Please find attached a coupon for our special mid-winter offer. The coupon entitles our customers to a 25% discount on the purchase of any tablet computer. ---[1]--- In addition, buyers can receive up to 50 dollars for trading in their old notebook computer. Don't miss this chance of receiving a 25% discount on a top-spec model during the campaign. ---[2]---

In order to make use of this fantastic opportunity, just print out the coupon and present it to the cashier upon payment. The coupon can be used at all our physical stores as well as at our online shop. ---[3]---

Our special offer will start on January 16 and continues until February 15. If you are thinking of buying a tablet, do not miss this opportunity. ---[4]---

Sincerely,
Andy Lopez
Store Manager, Downtown Shop, MHC Computers

ルール 131 メールの「目的」はまず件名を確認する

件名を見るとSpecial offerとあります。ですから、何か提案されていると考えられます。設問1の選択肢の中で提案の意味になるのはspecial campaignだけです。本文を確認すると、キャンペーン期間中は値引きを受けられることがわかります。

ルール 132 詳細を尋ねる問題は、キーワードに注意

設問2では、ダウンタウン店での値引きの受け方が問われています。ダウンタウンの店舗は実店舗になるので、physical storeでの値引きについて説明しているところを参考にします。just print out the coupon and present it to the cashier upon paymentとあるので、値引きを受けるためにはクーポンを印刷してレジで見せればよいことがわかります。したがって、「印刷して見せる」が答えになります。

ルール 133 文の場所を選ぶ問題は、ヒントになるキーワードがないか確認する

設問3は、"For the latter, please enter the coupon code in the coupon code box to be entitled to the discount."をどこに入れるのかを答える問題です。the latterは「後者」なので、2つのものについて述べていることがわかります。the coupon codeをthe coupon code boxに入力するようにと書かれているので、パソコンやスマホでの使い方について説明していると想像できます。ということは、online shopに関係するところに入ると考えます。---[3]---の前では実店舗とオンラインショップについて述べられています。したがって、ここが適切な位置だと考えられます。

訳 問題 1 ～ 3 は次のメールに関するものです。

送信者：MHC Computers
宛先：Klea King
件名：Special offer
日付：January 7

King 様

添付の冬季特別割引価格のクーポンをご確認ください。クーポンをご利用いただくと、どのタブレットコンピューターでも 25％オフでご購入いただけます。また、お買い上げいただいたお客様にはノートパソコンを最大 50 ドルで下取りさせていただきます。高性能モデルを 25％オフでご購入いただけるこのキャンペーンをお見逃しのないようにお願いします。

この素晴らしい機会をご利用いただくためには、クーポンを印刷してお支払いの際、レジにてご提示いただくだけです。クーポンは弊社のすべての実店舗およびオンラインショップにてご利用いただけます。後者については、クーポンコードをクーポンコードボックスに入力すれば値引きを受けられます。

弊社の特別値引きは 1 月 16 日に開始し 2 月 15 日まで継続します。タブレットのご購入を検討されている場合は、この機会をお見逃しなく。

よろしくお願いします。
Andy Lopez
MHC Computers ダウンタウン店、店舗マネージャー

1. このメールの目的は何ですか。
(A) 支払いを求めること
(B) 支払いを延期すること
(C) **特別なキャンペーンの告知をすること**
(D) 新しいコンピューターを買うこと

2. どのようにすれば King さんはダウンタウン店でクーポンを使うことができますか。
(A) **それを印刷して見せる**
(B) それをガードマンに見せる
(C) クーポンコードを入力する
(D) それをショップで下取りしてもらう

3. [1]、[2]、[3]、[4] と記載された箇所のうち、次の文が入るのに最もふさわしいのはどれですか。

「後者については、クーポンコードをクーポンコードボックスに入力すれば値引きを受けられます」

(A) [1]
(B) [2]
(C) [3]
(D) [4]

WORDS
- defer (他動 ～を延期する)
- guard (名 ガードマン)
- trade in (～を下取りする)
- enter (他動 ～を入力する)
- entitle (他動 ～に権利を与える)
- attached (形 添付された)
- purchase (名 購入、他動 ～を購入する)
- tablet computer (名 タブレットコンピューター)
- miss (他動 ～を逃す)
- top-spec model (名 高性能モデル)
- fantastic (形 素晴らしい)
- print out (～を印刷する)
- present (他動 ～を見せる、掲示する)
- physical store (名 実店舗)
- opportunity (名 機会)

練習問題

英文を読んで、問題に答えましょう。

Questions 1-4 refer to the following email.

From:	Andy J. Robbins
To:	Yolanda Fox
Subject:	Payment for order #A2065
Date:	July 25, 2016

Dear Ms. Fox,

I would like to remind you that the payment for order #A2065 has not been received as of today, July 25. ---[1]--- I have attached a copy of the order confirmation sheet on which you indicated that the payment date would be July 15. We are very surprised by this delay in payment as we have never had this kind of trouble since we started dealing with your company in 2010.

---[2]--- We received a new order from you on July 20. Please note that we will not be able to ship it unless we receive the outstanding payment. --- [3] ---

Please reply to this email or call me as soon as possible to notify us when you can make payment. Please accept our apologies if you have already made the payment. --- [4] ---

Sincerely,
Andy J. Robbins

1. Why did Mr. Robbins write this email to Ms. Fox?
(A) To answer questions
(B) To ask for payment
(C) To apologize for a misunderstanding
(D) To inform Ms. Fox of shipment

2. What did Mr. Robbins send with the email?
(A) A proposal for a sales promotion
(B) A loan application form
(C) A discount coupon
(D) An order document

3. The phrase "unless we receive the outstanding payment" in paragraph 2, line 2, is closest in meaning to
(A) if the payment is not received
(B) if a receipt for the purchase is presented
(C) if Mr. Robbins pays for the product
(D) if the price goes up

4. In which of the position marked [1], [2], [3], and [4] does the following sentence best belong?

"We will start the production process for your order upon receipt of payment."

(A) [1]
(B) [2]
(C) [3]
(D) [4]

解答と解説

1.

解説 Robbinsさんがメールを書いた理由を尋ねる問題。件名から支払いに関するメールであることがわかります。また、本文を読み進むと、「支払いを受け取っていない」と書いてあるので、支払いの催促であることがわかります。To ask for payment（支払いを求めるため）が正解です。

正解 (B)

2.

解説 メールといっしょに送られたものは何かを尋ねる問題。支払いを求めるメールであることがヒントになります。メールにはorder confirmation sheet（注文確認書）を添付したとあります。これに近いのはAn order document（注文の書類）なので、これが最も自然な答えです。

正解 (D)

3.

解説 "unless we receive the outstanding payment"の意味を尋ねる問題です。語彙問題の中には本文をしっかり読まないと答えられない問題も出題されますが、中には問題と選択肢だけから正解を導き出せる問題も出ることがあります。本文を読んで確認するのが理想的ですが、時間がないときは選択肢だけ読んで答えることで時間が節約できます。if the payment is not received（支払いを受け取らない場合は）が最適です。

正解 (A)

4.

解説 表現を入れる場所を問う問題です。"We will start the production process for your order upon receipt of payment."「お支払いを受け取ってからご注文の生産開始となります」と言っていますので、次の注文についてのことであると推測できます。第1段落では支払いを受け取っていないこと、第3段落では返事がほしいことについて述べています。第2段落で次の注文について述べているので、[2]か[3]のどちらが良いか確認すると、注文について述べた後の方が良いので、[3]が正しいとわかります。

正解 (C)

訳 問題1～4は次のメールに関するものです。

差出人：Andy J. Robbins
宛先：Yolanda Fox
件名：Payment for the order #A2065
日付：July 25, 2016

Fox 様

#A2065のご注文が7月25日現在未払いとなっておりますことをお知らせいたします。7月15日までにお支払いいただけるとあなたが明記した注文確認書のコピーを添付しました。2010年に貴社とお取引を開始してからこのような問題が起こったことは一度もないので、弊社では今回の支払い遅延にとても驚いております。

7月20日に次の注文をいただいておりますが、未払い料金のお支払いがない場合は出荷できませんのでご了承ください。お支払いを受け取ってからご注文の生産開始となります。

本メール受信後、いつお支払いいただけるか速やかにメールか電話でご連絡ください。もしすでにお支払いいただいている場合は失礼をご容赦ください。

よろしくお願いします。
Andy J. Robbins

1. なぜRobbinsさんはFoxさんにこのメールを書いたのですか。
   (A) 質問に答えるため
   (B) 支払いを求めるため
   (C) 誤解について謝罪するため
   (D) Foxさんに出荷について知らせるため

2. Robbinsさんはこのメールといっしょに何を送りましたか。
   (A) 販促の提案書
   (B) ローンの申込書
   (C) 値引きクーポン
   (D) 注文の書類

3. 第2段落の2行目の "unless we receive the outstanding payment" に最も意味が近いのは
   (A) 支払いを受け取らなかったら
   (B) 販売の領収書が提示されたら
   (C) Robbinsさんが商品の料金を支払ったら
   (D) 値段が上がったら

4. [1]、[2]、[3]、[4] と記載された箇所のうち、次の文が入るのに最もふさわしいのはどれですか。

   「お支払いを受け取ってからご注文の生産開始となります」

(A) [1]
(B) [2]
(C) [3]
(D) [4]

WORDS
- remind（他動 ～に思い出させる）
- payment（名 支払い）
- attach（他動 ～を添付する）
- order confirmation sheet（名 注文確認書）
- indicate（他動 ～を示す）
- deal（自動 取引する）
- note（他動 ～に留意する）
- unless（接 ～でない限り）
- outstanding payment（名 未払い金）
- notify（他動 ～に知らせる）
- loan application form（名 ローン申込書）

Part 7のルールのまとめ > 355ページを参照

UNIT 37

オンライン・チャットは状況を把握しよう

POINT

オンライン・チャットはテキストメッセージと似ていますが、３名以上の書き手が参加している点が異なります。**内容を理解するためには議論の流れ、書き手、状況を素早く把握することが重要です。**

ポイントを確認しながら、次の設問を読みましょう。

1. What can be inferred from the text?
   (A) Last month's sales were up.
   (B) There are many large restaurants near the office.
   (C) Entertaining at the office is encouraged.
   (D) It has rained heavily recently.

ルール 134

内容を推測する問題は、話の流れに注意する

2. When will they have a party?
   (A) Tomorrow
   (B) Today
   (C) Next week
   (D) When Montego Café reopens

ルール 135

「いつ」を尋ねる問題は、カギとなる箇所を探して答える

3. What will Ms.Ito most likely do next?
   (A) Contact a caterer
   (B) Email Montego Café
   (C) Talk with Jim
   (D) Buy some presents

ルール 136

これから何をするかを読み取る問題は、まずはその人自身が書いていないか確認する

4. At 11:42 A.M., what does John mean when he writes "Exactly"?
   (A) He is trying to call Montego Café.
   (B) He is concerned about the same thing.
   (C) He wants to save money.
   (D) He is worried about the storm damage.

ルール 137

表現の意図を答えるときは、語彙から推測、その後流れを確認

次に、設問の答えを探しながら、英文を読みましょう。

Questions 1-4 refer to the following online chat discussion.

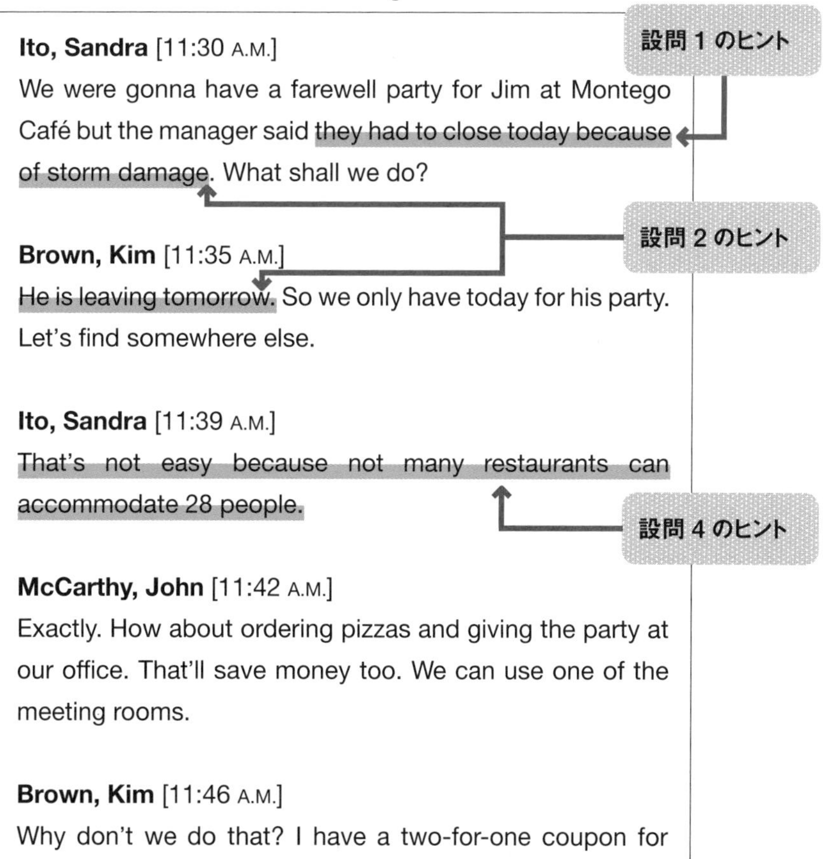

Ito, Sandra [11:30 A.M.]
We were gonna have a farewell party for Jim at Montego Café but the manager said they had to close today because of storm damage. What shall we do?

Brown, Kim [11:35 A.M.]
He is leaving tomorrow. So we only have today for his party. Let's find somewhere else.

Ito, Sandra [11:39 A.M.]
That's not easy because not many restaurants can accommodate 28 people.

McCarthy, John [11:42 A.M.]
Exactly. How about ordering pizzas and giving the party at our office. That'll save money too. We can use one of the meeting rooms.

Brown, Kim [11:46 A.M.]
Why don't we do that? I have a two-for-one coupon for Pizza Company. We can get some drinks at Locos Super.

設問 1 のヒント

設問 2 のヒント

設問 4 のヒント

UNIT 37

Ito, Sandra [11:50 A.M.]
I don't know. We have clients from overseas at the moment so I think we'd better find somewhere else. I don't think our manager would be too happy about us using a meeting room either.

Brown, Kim [11:54 A.M.]
You've got a point. How about renting a BBQ or picnic area and calling in a caterer?

McCarthy, John [11:56 A.M.]
That sounds like a great idea. Let's do that. Do you know any caterers that can do a BBQ outside?

設問 3 のヒント

Ito, Sandra [11:59 A.M.]
Let's try Catering Unlimited. I'll call them and find out if they can do it.

ルール 134 内容を推測する問題は、話の流れに注意する

Jim さんの送別会についてのやりとりです。突然、予定していたレストランが使えないことになり、他の場所を探している状況です。Ito さんが、storm damage（嵐による被害）のためにマネージャーが本日は休みにすると言っている、と書いているところがあります。選択肢の中の It has rained heavily recently. がこれに最も近いです。他に該当する選択肢はありませんので、これが答えになると考えられます。

ルール 135 「いつ」を尋ねる問題は、カギとなる箇所を探して答える

when（いつ）を尋ねている問題はカギとなる箇所を探して答えます。they had to close today（今日閉店しなくてはならない）や He is leaving tomorrow.（彼は明日旅立つ）などで、本日パーティーをやることになっていたレストランが閉店になり、他の場所を探していることがわかります。ですから、答えは Today（今日）です。

ルール 136 これから何をするかを読み取る問題は、まずはその人自身が書いていないか確認する

Ito さんがこれから何をするのかを尋ねています。I'll call them and find out if they can do it.（彼らに電話をかけ、できるかどうか尋ねてみます）と最後に書いています。ここの them は Catering Unlimited のことです。ですから、Contact a caterer（ケータリング業者に連絡する）が答えになります。

ルール 137 表現の意図を答えるときは、語彙から推測、その後流れを確認

午前 11 時 42 分に John さんが Exactly. と書いています。この意図を問う問題です。Exactly. は相手の意見に同意する際に使われる表現です。ここでは、Ito さんが書いた後の返信となっているので、Ito さんが何を書いたのかを確認します。そうすると、彼女は 28 名が入れるレストランを探すのは容易ではないと書いています。そのため、He is concerned about the same thing.（彼は同じことを懸念している）が答えです。

訳 問題1～4は次のオンライン・チャットの話し合いに関するものです。

Ito, Sandra［午前11時30分］
Jimの送別会をMontego Caféで行う予定でしたが、嵐による被害のため今日は閉店しなくてはならないとマネージャーが言っていました。どうしましょうか。

Brown, Kim［午前11時35分］
彼は明日発つんですよね。彼のパーティーは今日しかないですね。他の場所を探しましょう。

Ito, Sandra［午前11時39分］
28名入れるレストランはそんなに多くはないので、簡単ではないんです。

McCarthy, John［午前11時42分］
そうですね。ピザを注文して事務所でパーティーしてはどうでしょう。お金も節約できます。会議室を1部屋使ったらいいじゃないですか。

Brown, Kim［午前11時46分］
そうしましょう。Pizza Companyの1つ買えばもう1つもらえるクーポンを持っています。Locos Superで飲み物を買えば良いでしょう。

Ito, Sandra［午前11時50分］
どうでしょうね。海外からの顧客が今来ているので、他の場所を探したほうが良さそうです。部長も私たちが会議室を使うことを良く思わないと思います。

Brown, Kim［午前11時54分］
そのとおりですね。BBQかピクニックの場所を借りて、ケータリング業者を呼んではどうでしょう。

McCarthy, John［午前11時56分］
それは良い案ですね。やりましょう。戸外でBBQができるケータリング業者をどこか知っていますか。

Ito, Sandra［午前11時59分］
Catering Unlimitedはどうでしょう。彼らに電話してできるかどうか尋ねてみます。

1. テキストから何を推測できますか。
   (A) 先月の売り上げが上がった。
   (B) 事務所のそばには多くの大きいレストランがある。
   (C) (この会社では) 事務所での娯楽を推奨している。
   (D) 最近、大雨が降った。

2. いつ彼らはパーティーをしますか。
   (A) 明日
   (B) 今日
   (C) 来週
   (D) Montego Café が再度開店したとき

3. Ito さんはこの後何をすると考えられますか。
   (A) ケータリング業者に連絡する
   (B) Montego Café にメールする
   (C) Jim と話す
   (D) プレゼントを買う

4. 午前 11 時 42 分に John が書いている "Exactly" は、何を意味していますか。
   (A) 彼は Montego Café に電話しようとしている。
   (B) 彼は同じことを懸念している。
   (C) 彼はお金を節約したい。
   (D) 彼は嵐の被害について心配している。

WORDS
- encouraged (形 推奨されている〔encourage の過去分詞〕)
- (be) gonna (〔= (be) going to〕会話などでよく使われる形)
- farewell party (名 送別会)
- storm damage (名 嵐による被害)
- accommodate (他動 ～を収容する)
- two-for-one (1 つの値段で 2 つ)
- overseas (名 海外)
- at the moment (現在)
- caterer (名 ケータリング業者)

COLUMN

two-for-one とは「1 つの値段で 2 つ」という意味で、よく使われる値引きの手法の 1 つです。Drinks are two for one during Happy Hour. (ハッピーアワー中の飲み物は 1 杯の値段で 2 杯お飲みいただけます) などのように、飲み物についてよく使われることがよくありますが、他の商品の値引きに対しても用いられます。

練習問題

英文を読んで、問題に答えましょう。

Questions 1-4 refer to the following online chat discussion.

Ricardo Sanchez [9:30 A.M.]
Mr. Kimura just called me and said he would like to meet us tomorrow to discuss the refurbishment plan for his restaurant.

Miki Curtis [9:35 A.M.]
I thought we were gonna meet him next week. What's the hurry?

Ricardo Sanchez [9:40 A.M.]
He said his schedule changed, and he has to go to Thailand next week. How is the design for the restaurant fittings coming along, Steve?

Steve Tong [9:45 A.M.]
Quite well. We have made the changes as per his last request. But we are still unable to get samples of the lighting system he wanted. Lyn is working on it, but she is out of town until Friday. I want to check it before the next meeting.

Miki Curtis [9:50 A.M.]
Actually, Lyn has obtained a catalog and we are expecting some samples later today.

Ricardo Sanchez [9:55 A.M.]
OK. Sounds like we are on track then.

1. What line of business is the company most likely engaged in?

(A) Renovation

(B) Building

(C) Sales promotion

(D) Lighting

2. Why did the client change the meeting date?

(A) Because he is concerned.

(B) Because he has another engagement.

(C) Because he wants to see samples soon.

(D) Because he has to go abroad tomorrow.

3. What will happen today?

(A) A catalog will arrive.

(B) The lighting company will contact them.

(C) The plan will be revised.

(D) Samples will be examined.

4. At 9:55 A.M., what does Mr. Sanchez mean when he writes, "we are on track"?

(A) They are concerned about the meeting.

(B) They will meet the client at a racetrack.

(C) They will catch a train to meet the client.

(D) They are ready for the meeting.

解答と解説

1.

解説 会社の業種を尋ねる問題です。3名の書き手は仕事について話し合っています。refurbishment plan（改装計画）とSanchezさんが書いていますので、改装や改築などを行っている会社であると考えられます。したがって、Renovation（改装、改築）が答えになります。

正解 (A)

2.

解説 顧客がミーティングの日にちを変えた理由を尋ねる問題です。Kimuraさんとはもともとは来週会議をする予定ですが、彼が来週タイに行くことになったため、ミーティングは明日に変更になりました。言い換えるとBecause he has another engagement.（彼はその他の用があるから）となります。

正解 (B)

3.

解説 今日何が起こるかを問う問題です。カタログはすでに着いています。計画の変更はすでにされています。今日は「サンプルが着く」とのことです。また、Tongさんは次の会議の前にサンプルを見たいと言っています。したがって、Samples will be examined.（サンプルを検査する）が答えになります。

正解 (D)

4.

解説 Sanchezさんが書いた "on track" の意図を問う問題です。on trackは「軌道（レール）の上」という意味です。そこから、「順調に行っている」という意味に使われます。選択肢の中ではThey are ready for the meeting.（彼らはミーティングの準備ができている）が近いと言えます。

正解 (D)

訳 問題1～4は次のオンライン・チャットの話し合いに関するものです。

Ricardo Sanchez［午前9時30分］
Kimuraさんから私に電話があり、明日彼のレストランの改装計画について話し合うために会いたいとのことです。

Miki Curtis［午前9時35分］
彼とは来週会うことになっていたと思うけど、急にどうしたんでしょう。

Ricardo Sanchez［午前9時40分］
スケジュールが変わったとのことです。彼は来週タイに行かなくてはならなくなったそうです。Steve、レストランの器具類などのデザインの進行の方はどんな感じですか。

Steve Tong［午前9時45分］
とても順調です。彼の最後の要望にそって変更を加えました。でも、まだ彼が欲しがっていた照明システムのサンプルを入手できずにいます。Lynが担当していますが金曜日まで出張中です。次回の会議までに確認したいと思っています。

Miki Curtis［午前9時50分］
実は、Lynはもうカタログを入手しています。あと、サンプルも今日中に届く予定です。

Ricardo Sanchez［午前9時55分］
わかりました。では、順調に進んでいるみたいですね。

1. この会社はどのような業種と考えられますか。
   (A) 改装
   (B) 建設
   (C) 販売促進
   (D) 照明

2. なぜ顧客は会議の日程を変更したのですか。
   (A) 彼は心配しているから。
   (B) 彼には他に約束があるから。
   (C) 早くサンプルを見たいから。
   (D) 明日、彼は海外に行かなくてはならないから。

3. 今日は何が起こりますか。
   (A) カタログが届く。
   (B) 照明器具の会社が彼らに連絡する。
   (C) 計画が変更される。
   (D) サンプルを吟味する。

UNIT 37

4. 午前 9 時 55 分に Sanchez さんが書いた “we are on track” は何を意味していますか。
(A) 彼らは会議について心配している。
(B) 彼らは競馬場で顧客に会う。
(C) 彼らは電車で顧客に会いに行く。
(D) 彼らは会議の準備ができている。

WORDS
- refurbishment plan（名 改装計画）
- design（名 設計）
- restaurant fitting(s)（名 レストラン用の器具類）
- lighting system（名 照明器具）
- work on（～に対処する、対応する）
- actually（副 実は、実際のところ）
- obtain（他動 ～を入手する）
- expect（他動 ～を期待する、待っている）
- on track（準備が整っている）
- (be) engaged in ～（～に関与している）
- engagement（名 約束）
- go abroad（海外に行く）

Part 7のルールのまとめ > 355ページを参照

PART 7_READING COMPREHENSION

UNIT 38

マルティプルパッセージは各文書タイプを把握

POINT

各文書について誰が誰に向けて書いているのか、それぞれの関連性を把握することが重要。**その後、設問、本文と読み進み、問題を解くと良いです。関連するところをピンポイントで読んで時間短縮を心がけましょう。**

ポイントを確認しながら、次の設問を読みましょう。

1. What does the information suggest about the hotel?
   (A) The shuttle service is available around the clock.
   (B) Parking is inexpensive.
   (C) It is a luxurious hotel.
   (D) The hotel is conveniently located.

ルール 138
読むべき文書を見極める

2. In what field does Mr. Matsumoto most likely work?
   (A) Sales promotion
   (B) Finance
   (C) Network technology
   (D) Market analysis

ルール 139
人名をヒントに読むべき文書を見極める

3. What will Mr. Matsumoto probably do soon?
   (A) Send an invoice
   (B) Make a reservation

ルール 140
複数の文書を参照して解答する

(C) Make a wire transfer
(D) Bring in a projector

4. In the information, the word “versatile” in paragraph 1, line 9, is closest in meaning to

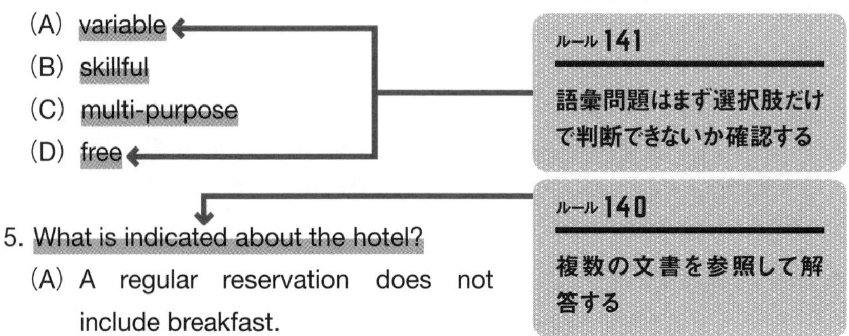

(A) variable
(B) skillful
(C) multi-purpose
(D) free

5. What is indicated about the hotel?
(A) A regular reservation does not include breakfast.
(B) Its meeting rooms are not equipped with a computer.
(C) The hotel is located in a resort area.
(D) All the meeting rooms are equipped with a projector.

Questions 1-5 refer to the following information and e-mails.

ルール 118
文書タイプを確認する

次に、ポイントを確認しながら、3つの英文を読みましょう。

設問 1 のヒント

Lavender Hotel Chicago is located south of Highway 11 on the corner of Washington and 22nd Street. It can be reached within approximately 10 minutes from the airport with the complimentary hotel shuttle service. Our rooms are spacious and a breakfast buffet is included in all accommodation plans. The hotel facilities include a fitness gym and an indoor pool. The complimentary business center, equipped with all modern facilities, is available around the clock. Guests can use these versatile meeting spaces for various purposes. In addition, the Sheridan Convention Center is right across from our hotel.

設問 4 のヒント

Highlights

Located downtown, 10 minutes from the airport
Only 3 minutes from the convention center
Shuttle to and from the airport available every 30 minutes from 6 A.M. to 11 P.M.
Restaurants and bars
Fitness center and swimming pool
Business center and meeting rooms
* Reservations are recommended for meeting rooms during busy times.

設問 1 のヒント

From:	Isao Matsumoto
To:	Reservation desk, Lavender Hotel
Subject:	Meeting room
Date:	September 7

Dear Sir/Madam,

設問 2 のヒント

I would like to inquire about usage of the business meeting room. Four colleagues and I are planning to attend the International Construction Material Show held at the Sheridan Convention Center near the Lavender Hotel from September 25 to 29 to display our new products. During the show, we are planning to stay at your hotel. We would like to know the size of the meeting rooms, and if we are able to reserve one every day throughout the duration of our stay. Furthermore, could you please tell us whether the meeting rooms come with internet access, a projector and a computer? We need to hold online meetings with HQ in Japan.

I am looking forward to hearing from you.

設問 3 のヒント

Sincerely yours,
Isao Matsumoto

From:	Reservation desk, Lavender Hotel
To:	Isao Matsumoto
Subject:	Re: Meeting room
Date:	September 7

Dear Mr. Matsumoto,

Thank you very much for your inquiry. Lavender Hotel is right across from the convention center, and our business center is equipped to accommodate most business and meeting requirements.

設問 5 のヒント

We have five meeting rooms. All can seat ten people, and fast Wi-Fi internet access is available free of charge. None of the rooms are equipped with computers, but you can hire one in the business center or use your own. While projectors are installed in two of the rooms, unfortunately one of them has already been reserved from September 26 to September 28.

Please note that you cannot reserve the business facilities unless you have booked a room. I would recommend making reservations soon, as our rooms are filling up fast as the show date draws closer.

We are looking forward to serving you in the future.

設問 3 のヒント

Sincerely yours,
Cathy Jones

ルール 118 文書タイプを確認する

Questions 1-5 refer to the following information and emails. から、文書はお知らせと2つのメールです。メールはお知らせについての質問メールとその回答メールです。それぞれの文書のタイプを把握することは、内容を素早く理解する上で重要なヒントになります。

ルール 138 読むべき文書を見極める

設問1では、What does the information suggest ～? と the information と書いてあるのでお知らせに答えがあるはずです。それぞれの選択肢が該当するかどうか確認します。空港から近いこと、ダウンタウンにあること、コンベンションセンターが近いことなどから、便利な場所にあることがわかります。駐車場については書かれておらず、ビジネス向けの施設が充実しているので、ビジネス向けのホテルと想像できます。そのため、(B) と (C) ではないと推測できます。シャトルバスは午前6時から午後11時までなので (A) でもないです。したがって、便利な場所にあるという (D) が答えになります。

ルール 139 人名をヒントに読むべき文書を見極める

設問2は Matsumoto さんの職業についての質問なので、彼が書いたメールを参考にします。そうすると、International Construction Material Show「国際建材ショー」に参加してサンプルを展示すると書いてあります。そのため、彼の仕事は商品の営業に関することと考えられます。選択肢の Sales promotion「販売促進」が最も彼の仕事として考えられそうなので答えは (A) です。

ルール 140 複数の文書を参照して解答する

設問3では Matsumoto さんがこれから何をするかについてですので、まず彼が何をしたいのか確認するため彼が書いたメールを読みます。そうするとプロジェクターがついている会議室を使いたいことが分かります。Matsumoto さんのメールに対する Jones さんからの返信メールを読むと、プロジェクターがついている部屋は2部屋しかなく、そのうちの1部屋は予約済であること、また早めの予約を勧められていることが分かります。そのため、彼は予約をするだろうと考えられます。そのため、答えは (B) になります。

設問5ではどの文書を読むか指定されていませんが、ホテルについての質問です。選択肢を確認するとロケーションや会議室について書かれています。お知らせではすべての宿泊プランに朝食がついてくること、ホテルはダウンタウンにあると書いてあるので（A）と（C）は違います。Jonesさんからのメールでプロジェクターがついてくる会議室は2室しかないとあるので（D）も違います。また、会議室にはパソコンはないと書かれているので答えは（B）です。

ルール 141 語彙問題はまず選択肢だけで判断できないか確認する

設問4は語彙問題です。文中のversatileの意味を問う問題です。もし、単語の意味を知っていたら、まず選択肢だけから答えられないか確認してみます。単語によっては意味がいろいろあり、文脈の確認が必要な場合もあるので、時間に余裕がある場合は本文を読んで確認します。versatileは「多目的に使用できる」の意味になるので（C）multi-purposeが答えになります。

訳 問題1～5は次のお知らせとメールに関するものです。

Lavender Hotel Chicago は Highway 11 の南側、Washington と 22nd Street の角にあります。空港からはホテルの無料シャトルバスで約10分以内です。当ホテルの部屋は広く、すべての宿泊プランに朝食ビュッフェがつきます。ホテルにはジムや室内プールもあります。無料でお使いいただけるビジネスセンターは最新のあらゆる機器が備えられており、24時間ご利用いただけます。宿泊客は多目的に利用可能なこのミーティングスペースをいろいろな目的にご利用いただけます。また、Sheridan Convention Center は通りのすぐ向かい側になります。

ハイライト
ダウンタウンにあり、空港から10分
コンベンションセンターから、たった3分
午前6時から午後11時まで30分ごとに空港までのシャトルバス
レストランとバー
フィットネスセンターとプール
ビジネスセンターと会議室
* 繁忙期は会議室の予約をお勧めします。

発信者：Isao Matsumoto
宛先：Lavender Hotel 予約係
件名：会議室
日付：9月7日

担当者様

会議室の使用について質問があります。4名の同僚とともに弊社の新製品を展示するため Lavender Hotel のそばの Sheridan Convention Center で9月25日から29日まで催される国際建材ショーに出席する予定です。ショーの期間中、そちらのホテルに滞在予定です。会議室のサイズと、滞在期間中を通して1室予約できるかどうかを知りたいです。また、会議室にインターネット接続、プロジェクター、パソコンが備わっているかどうかもお知らせください。日本の本社とオンライン会議を行う必要があります。

お返事をお待ちしております。

よろしくお願いします。
Isao Matsumoto

発信者：Lavender Hotel 予約係
宛先：Isao Matsumoto
件名：Re: 会議室
日付：9月7日

Matsumoto 様

お問い合わせいただきありがとうございます。Lavender Hotel はコンベンションセンターの真向かいにあり、当ホテルのビジネスセンターはビジネスや会議のほとんどのニーズに対応できます。

会議室は5室あります。各会議室には10名分の椅子が備わっています。また、Wi-Fi による高速インターネット接続も無料でご利用いただけます。パソコンのある会議室はございませんが、ビジネスセンターのものをご利用いただくか、ご自身のパソコンをご利用ください。プロジェクター付きの会議室は2室です。残念ながら、そのうちの1室はすでに9月26日から28日の期間について予約済です。

お部屋をご予約いただくまでビジネス施設のご予約をお受けすることはできませんので、ご注意願います。ショーの日にちが近づくにつれ、どんどん部屋が埋まってしまうので、早めのご予約をお勧めします。

当ホテルのご利用をお待ちしております。

よろしくお願いします。
Cathy Jones

1. お知らせからホテルについて何がわかりますか。
   (A) シャトルサービスが24時間あること。
   (B) 駐車場が安いこと。
   (C) 高級ホテルであること。
   (D) ホテルは便利な場所にあること。

2. Matsumoto さんの職種は何であると考えられますか。
   (A) 販売促進
   (B) 財務
   (C) ネットワークテクノロジー
   (D) 市場分析

UNIT 38

3. Matsumoto さんはこれからすぐに何をすると考えられますか。
   (A) 請求書を送る
   (B) 予約をする
   (C) 送金する
   (D) プロジェクターを持っていく

4. お知らせの第1段落9行目の "versatile" に意味が最も近いのはどれですか。
   (A) 形 変わりやすい
   (B) 形 熟練した
   (C) 形 多目的の
   (D) 形 無料の

5. ホテルについて何が書かれていますか。
   (A) 通常の予約には朝食はつかない。
   (B) 会議室にはパソコンはない。
   (C) ホテルはリゾートエリアにある。
   (D) すべての会議室にプロジェクターが備わっている。

WORDS
- reservation（名 予約）
- wire transfer（名 電信送金）
- versatile（形 多目的な、多才な）
- (be) equipped with ～（～を備える）
- complimentary（形 無料の）
- spacious（形 広い）
- facility（名 施設）
- across from ～（～の向かい）
- duration（名 期間）
- accommodate（他動 ～を収容する）
- free of charge（無料の）
- install（他動 ～を設置する、インストールする）
- fill up（いっぱいになる）
- draw close（近づく）

練習問題

次の英文を読んで問題に答えましょう。

Questions 1-5 refer to the following information, review and email.

Ocean Electric

This week's featured digital camera: AF300X $350 (inclusive of local sales tax)
Special price offered from September 15

The AF300X is the perfect digital camera for outdoors, because it is both waterproof and shockproof. With this camera, you can capture amazing moments, and share them instantly through Wi-Fi. Its built-in GPS records the location of each shot you take. You can even shoot videos in Full HD with stereo sound.

· High quality autofocus lens
· HD video
· Built-in GPS and Wi-Fi
· Stereo sound recording
· Waterproof and shockproof
· Available colors: Red, Gold, Silver, Black

During the special offer, the camera comes with a free memory card.

Contact info@oceanelectric.com if you have any questions.

Review

AF300X ★★★★☆

Racheal Costello, a holiday photographer, posted on September 30

I think the AF300X is a great camera, but it does have some issues.

- Great look: Compact and gorgeous metallic finish
- Quality of components is excellent
- Wide availability of shooting modes (underwater, close-up, portrait, night, scenery, etc.)

- Great for all conditions and situations
- Built-in Wi-Fi and GPS features are convenient and easy to use.

Shortfalls

- You have to download and print out the manual. A quick start guide is included, but not quite enough to understand all the functions.
- The camera does not have internal memory, and it does not come with a memory card.

Overall, I really like this camera as it has many useful features. Considering the price tag though ($450), the camera was a bit on the expensive side when it first came out in January, which is why I only gave it four stars out of five. I did notice that it has recently come down in price.

From:	Sam Kumar
To:	info@oceanelectric.com
Subject:	Digital camera
Date:	October 25

Dear Sir/Madam,

I saw the special offer for the AF300X on your website. My digital camera just broke so I need to buy a new one soon. However, I do have a couple of queries after reading a review by an AF300X user.

- Is it possible for you to send out a copy of the manual as I cannot print it out at home?
- What is the size of the free memory card included in the offer?
- To what depth is the camera waterproof? I am looking for a camera that is waterproof to 10 meters.

I am looking forward to hearing from you.

Sincerely yours,
Sam Kumar

1. What is indicated about the AF300X camera in the information?

(A) It is designed for outdoor use.

(B) The purchase price does not include tax.

(C) Its battery is long-lasting.

(D) It cannot shoot a video with sound.

2. What is indicated about Racheal Costello?

(A) She is a professional photographer.

(B) She works for a camera shop.

(C) Her hobby is taking photos.

(D) Her work has something to do with photography.

3. What can be inferred about AF300X?

(A) It has only one shooting mode.

(B) It is available in five colors.

(C) It is designed for professional photographers.

(D) It is cheaper than before.

4. In the information, the word "instantly" in paragraph 2, line 3, is closest in meaning to

(A) absolutely

(B) fast

(C) immediately

(D) temporarily

5. What is Sam Kumar concerned about?

(A) The camera may be difficult to use for him.

(B) The manual is not included in the package.

(C) The price is over his budget.

(D) The camera does not come in the color he wants.

解答と解説

1.

解説 お知らせの中でAF300Xカメラについて何が書かれていたかを問う問題です。選択肢を確認すると、(A) It is designed for outdoor use.(アウトドアでの使用向けに設計されている)と書いてあります。本文にもThe AF300X is the perfect digital camera for outdoors(AF300Xは完璧なアウトドア向けデジタルカメラです)とあるので(A)が答えになります。

正解 (A)

2.

解説 Racheal Costelloについて何が書かれているかを尋ねる問題です。選択肢を見ると(A)(彼女はプロの写真家である)、(B)(彼女はカメラ屋で働いている)、(C)(彼女の趣味は写真を撮ることである)、(D)(彼女は写真に関する仕事をしている)とあります。彼女は自分のことをa holiday photographer(休日の写真家)と書いています。そのため、プロではないと推測できます。また、彼女の仕事のことは書いてないので(B)も(D)も排除できます。「休日の写真家」ということは「趣味で写真を撮っている」と考えられるので(C)が答えです。

正解 (C)

3.

解説 AF300Xについてわかることを答える問題です。選択肢は(A) It has only one shooting mode.(1つしか撮影モードがない)、(B) It is available in five colors.(5色の種類がある)、(C) It is designed for professional photographers.(プロ用に設計されている)、(D) It is cheaper than before.(以前より安くなっている)となります。多くの撮影モードがあり4色から選べるので(A)も(B)も違います。特に初心者向けと書いてはありませんが、プロ向けであるという記述もないので(C)も違います。レビューを見てみると、以前は450ドルで売られていたことがわかります。また、お知らせを見ると今は350ドルで買えることがわかります。そのため、(D)が答えです。

正解 (D)

4.

解説 まず、選択肢を読むだけで解けないか試してみましょう。instantly は「直ちに」の意味になります。これに該当するのは immediately です。instantly の意味が分からなくても、本文を読んで意味を推測して解くことができます。you can capture amazing moments and share them instantly through Wi-Fi.（素晴らしい瞬間をとらえて、Wi-Fi で "instantly" にシェアできます）となります。「すばやく」とか「簡単に」などと意味を推測できます。temporarily は「一時的に」の意味で instantly とは同じ意味になりません。

正解 (C)

5.

解説 Sam Kumar が何について気にかけているかを問う問題です。彼のメールで、マニュアルを印刷してもらえないかお店に尋ねています。彼は使えるプリンターが手元にないと言っています。ですから、マニュアルがパッケージに含まれていないことを気にかけていると考えられます。

正解 (B)

訳 問題 1 ～ 5 は次のお知らせ、レビュー、メールに関するものです。

Ocean Electric

今週紹介するデジタルカメラ：AF300X $350（地方消費税含む）
この特別セールは 9 月 15 日からです。

AF300X は、防水性及び耐衝撃性を備えた完璧なアウトドア向けデジタルカメラです。このカメラを使えば、素晴らしい瞬間をとらえ即座に Wi-Fi でシェアできます。内蔵 GPS が撮影場所を記録します。フルハイビジョンでビデオをステレオ音声付きで撮影することも可能です。

高性能オートフォーカスレンズ
高画質ビデオ
内蔵 GPS 及び Wi-Fi
ステレオ音声録音
防水及び耐衝撃
色：赤、金、銀、黒

特別セール中は、無料のメモリーカードもついてきます。

ご質問は info@oceanelectric.com までお送りください。

レビュー

AF300X ★★★★☆
Racheal Costello, 休日写真家 9 月 30 日投稿
AF300X は素晴らしいカメラだと思いますが、少し問題もあります。

- 見栄えが良い：コンパクトでゴージャスなメタリック仕上げ
- コンポーネントの品質は素晴らしいです
- 多種多様な撮影モード（水中、クローズアップ、ポートレート、夜、景色、など）

- どんな状況や状態でも最高です。
- 内蔵 Wi-Fi と GPS は便利で簡単に使えます。

問題点
- マニュアルをダウンロードして印刷する必要があります。短いスタートガイドがついていますが、すべての機能を理解するのには不十分です。
- カメラには内蔵メモリーがなく、メモリーカードもついてきません。

全体的に、多くの便利な機能があるので私はこのカメラをとても気に入っています。450 ドルという値段を考えると、1 月の発売時は少し高かったです。そのため、5 つではなく 4 つ星にしました。最近値段が下がってきているようです。

発信者：Sam Kumar
宛先：info@oceanelectric.com
件名：デジタルカメラ
日付：10 月 25 日

担当者様

御社のウェブサイトで AF300X の特別セールについて知りました。私のデジカメがちょうど壊れたところなので、新しいのをすぐ買いたいところでした。でも、AF300X のユーザーのレビューを読んで、いくつか質問したいと思いました。

- 自宅では印刷できないので、マニュアルを印刷して私に送ることは可能ですか。
- セール中についてくる無料のメモリーカードの容量はどのくらいですか。
- カメラの防水は、水深どのくらいまで大丈夫ですか。水深 10 メートルまで防水のものを探しています。

お返事お待ちしております。

よろしくお願いします。
Sam Kumar

1. お知らせでは AF300X カメラについて、どんなことがわかりますか。
   (A) **アウトドアで使うために設計されている。**
   (B) 値段に税金は含まれていない。
   (C) 電池の寿命が長い。
   (D) 音声付きでビデオを撮影できない。

2. Racheal Costello についてどのようなことがわかりますか。
   (A) 彼女はプロのカメラマンである。
   (B) 彼女はカメラ屋で働いている。
   (C) **彼女の趣味は写真をとることである。**
   (D) 彼女は写真に関係する仕事をしている。

3. AF300X についてどのようなことがわかりますか。
   (A) 撮影モードが 1 つしかない。
   (B) 5 色の色がある。
   (C) プロカメラマン向けに設計されている。
   (D) **以前より安くなっている。**

4. お知らせの第 2 段落 3 行目の "instantly" に意味が最も近いのはどれですか。
   (A) 副 まったくそのとおり
   (B) 副 早く
   (C) **副 即座に**
   (D) 副 一時的に

5. Sam Kumar は何について気にしていますか。
   (A) このカメラは使うのが難しいかもしれないこと。
   (B) **パッケージにマニュアルが含まれていないこと。**
   (C) 値段が予算をオーバーしていること。
   (D) 彼の好きな色がないこと。

WORDS
- featured (形 特集された)
- inclusive of local sales tax (地方消費税を含む)
- waterproof (形 防水の)
- shockproof (形 耐衝撃の)
- capture (他動 ～をとらえる、保存する)
- amazing moment (名 素晴らしい瞬間)
- instantly (副 直ちに)
- built-in (形 内蔵の)
- post (他動 ～を投稿する)
- metallic finish (名 メタリック仕上げ)
- shooting mode (名 撮影モード)
- portrait (名 ポートレート、肖像画、肖像写真)
- shortfall (名 短所、不足)
- internal memory (名 内蔵メモリー)
- price tag (名 値札)
- long-lasting (形 長持ちする)
- absolutely (副 まったくそのとおり)
- immediately (副 直ちに)
- temporarily (副 一時的に、仮に)

Part 7のルールのまとめ > 355ページを参照

PART 7 ルールリスト

UNIT 31 ～ 38 で学習したルールをもう一度確認しましょう。Part 7 では、最初に文書タイプを確認し、設問に目を通しておくことが大切です。自信のない項目については、しっかり復習しておきましょう。

UNIT31 スケジュール・旅程表は、項目を見る

□ ルール 118	文書タイプを確認する	CHECK > 276ページ
□ ルール 119	キーワードを手がかりに日付を探す	CHECK > 276ページ
□ ルール 120	キーワードを手がかりに場所を探す	CHECK > 276ページ

UNIT32 記入用紙はタイトルと項目を確認

□ ルール 121	「目的」はタイトルと冒頭部分を見る	CHECK > 284ページ
□ ルール 122	キーワードを手がかりに必要な情報を探す	CHECK > 284ページ

UNIT33 広告・通知文は、読み手を意識する

□ ルール 123	NOT 問題は消去法で解く	CHECK > 293ページ
□ ルール 124	「詳細情報」は キーワードを探しながら読む	CHECK > 293ページ

UNIT34 Eメール・手紙は、書き手と読み手を確認

□ ルール 125	Eメールは最初にヘッダーを確認する	CHECK > 301ページ
□ ルール 126	「目的」は、 件名と本文の最初の部分を見る	CHECK > 301ページ
□ ルール 127	「場所」は 関連語句を拾いながら本文を読む	CHECK > 301ページ

UNIT35 テキストメッセージは流れをつかもう

□ ルール 128	設問をヒントに メッセージの内容を予想する	CHECK > 309ページ
□ ルール 129	場面や書き手を確認する	CHECK > 309ページ
□ ルール 130	表現の意図を問う問題は、 「時刻」、「書き手」、「表現」を確認する	CHECK > 309ページ

UNIT36 文の位置を答える問題は流れから判断しよう

□ ルール 131	メールの「目的」はまず件名を確認する	CHECK > 318ページ
□ ルール 132	詳細を尋ねる問題は、キーワードに注意	CHECK > 318ページ
□ ルール 133	文の場所を選ぶ問題は、 ヒントになるキーワードがないか確認する	CHECK > 318ページ

UNIT37 オンライン・チャットは状況を把握しよう

□ ルール 134	内容を推測する問題は、 話の流れに注意する	CHECK > 329ページ
□ ルール 135	「いつ」を尋ねる問題は、 カギとなる箇所を探して答える	CHECK > 329ページ
□ ルール 136	これから何をするかを読み取る問題は、 まずはその人自身が書いていないか確認する	CHECK > 329ページ
□ ルール 137	表現の意図を答えるときは、 語彙から推測、その後流れを確認	CHECK > 329ページ

UNIT38 マルティプルパッセージは各文書タイプを把握

□ ルール 138	読むべき文書を見極める	CHECK > 342ページ
□ ルール 139	人名をヒントに読むべき文書を見極める	CHECK > 342ページ
□ ルール 140	複数の文書を参照して解答する	CHECK > 342ページ
□ ルール 141	語彙問題はまず 選択肢だけで判断できないか確認する	CHECK > 343ページ

Photo Credits

© Monkey Business – Fotolia.com
© carmeta – Fotolia.com
© Howard Sandler – Fotolia.com
© nyul – Fotolia.com
© Andres Rodriguez – Fotolia.com
© endostock – Fotolia.com
© Kenneth Sponsler – Fotolia.com
© Simone van den Berg – Fotolia.com
© Lars Christensen – Fotolia.com
© Sandra Cunningham – Fotolia.com
© beerkoff – Fotolia.com
© photogl – Fotolia.com

[執筆者紹介]

土谷 望（Nozomu Tsuchiya）

デンバー大学卒業、芸術・コミュニケーション（学士）、教育学（修士）専攻。英会話学校や企業語学研修での講師、英語ライター、翻訳家の経験を持ち、英語指導歴は20年以上。TOEIC、英会話、Eメールライティングなどの指導経験を持ち、英語情報サイトのwww.alse-net.comを1999年から運営。輸出入業務や海外企業の国内営業を担当するなど英語での実務経験も豊富。英検1級、TOEIC985点。著書に「TOEICテスト英文法1問10秒」（テイエス企画）、「はじめての英文Eメール」（リント社）などがある。

英文校閲：Gaby Benthien
編集協力：株式会社鷗来堂
装丁・本文デザイン：高橋明香（おかっぱ製作所）
DTP：株式会社鷗来堂
録音・編集：株式会社ルーキー
ナレーション：Donna Burke、Edith Kayumi、Josh Keller、Marcus Pittman
Jack Merluzzi、Carolyn Miller